艺术家的罗曼史

【英】凯特·布莱恩 著 / 【英】阿斯利·也赞 绘 / 何昆仑 译

献给詹姆斯·布莱恩

谢谢你陪我写下属于我的爱情故事

焦点艺术丛书

艺术家的罗曼史

【英】凯特·布莱恩 著 / 【英】阿斯利·也赞 绘 / 何昆仑 译

GUANGXI NORMAL UNIVERSITY PRESS
广西师范大学出版社
桂林

目录

引言

　　我一直认为艺术家是一个特别的群体。一个人受内心创作冲动的支配，将全部生活投付纯粹的艺术创作活动，是不常见的。这种冲动大都来自内心的不安，或者相反，源于自我的强大。艺术家的工作与生活始终融合在一起无法分离，这对普罗大众而言是一种非常规的生活状态。艺术家创造作品，但在很多方面，他们自身就是作品。因此，当两位艺术家共同步入一段浪漫关系时，就会显得极不寻常且十分有趣——双倍自我、双倍不安以及双倍热情的碰撞，会发生什么呢？

　　这个话题很有趣，有些艺术家情侣或夫妇虽以共同的名义进行创作，但很可能其中一人根本插不上手，面对这样的情况，他们怎样才能在共同打造的固若金汤的创意空间中另辟蹊径？爱情将两位艺术家联结在一起，可这种浪漫关系是极易夭折的——当爱情消退，不再心心相依，而他们又要以共同的名义进行创作时，该怎么办呢？另一些艺术家，他们共赴爱河且有着各自独立的工作，他们之间也会存在数不胜数的问题：如何控制相互间的嫉妒和竞争情绪？如何为伴侣的作品付出努力却又不牺牲自己的风格？是否要将配偶推荐给熟悉的收藏家和画廊老板？怎样才能做到双方都能度过成功的一生？本书介绍了几十对艺术家伴侣，其中罕有双双功成名就的情况。当一人声名鹊起时，该如何保护两人的关系并让个人的光芒不影响另一个人的艺术地位呢？

　　这个问题是本书的焦点，我认为有必要将其呈现给读者，于是编撰了这本传记。本书用 34 篇文章，记录了浪漫关系是如何定义和影响了近 140 年来伟大的艺术家的。在艺术史上，传记时而流行，时而没落，通常被视为双刃剑。它让我们有幸深入一些人的生活，走近他们的世界，窥见一段特定的历史，通过个体的视角去了解他们所经历的种种。杂志和社交媒体上的信息往往是碎片化的，而我们更渴望阅读有真实内容的传记和自传，希望通过了解艺术家们所处的情况来更好地理解他们。即便是日常和世俗的琐事，发生在别人身上时我们也会觉得饶有趣味。而当这个人是一位艺术家、一个传统意义上游离在"正常"社会范围之外的人时，就更有趣了。这本艺术家传记，生动地呈现了艺术家们富于创造性的生活，展现了他们各自的气质、态度和彼此的关系，介绍了他们的旅行、生活以及所面临的竞争，描述了他们工作室的细节以及他们所处的圈子，一个我一直认为与众不同的特殊圈子。以上的种种问题可以被视作一个个子结构，帮助我们更好地理解艺术家的作品。例如，毕加索的画作时至今日仍为人所津津乐道，几乎可以看作是他的自传。它们是他某个特定时刻内心世界的表现，展现了毕加索当时的心绪、迷恋的人和所受的影响。深入了解艺术家的生活，才能更深刻地理解他的作品。

　　然而，在双刃剑的另一面，艺术家的传记又是危险的：对其他信息的关注，可能会分散读者对"艺术"这个核心点的注意力。如果我们过多地通过具体事件和推测艺术家当时的心理状态来理解作品，就有可能把艺术的活力和魔力，以及真正伟大的艺术精神消解了。我们希望真正的艺术能脱离它的创造者而独立存在，作为一种具有独立价值的文化宝藏存于世间。观者可以依据个人意志对其表达欣赏、尊重或批评。比如，让人们了解毕加索是一个自恋之人和花花公子，同时还忍受着精神折磨，可能并无助于人们欣赏他的作品。事实上，有时艺术家的生活状态会阻碍他们的作品得到公正的评价，这种不幸的情况通常发生在女性艺术家身上，特别是那些著名艺术家的妻子，她们自身是艺术家，但其艺术成就却很难被公众关注及认可。终其一生，李·克拉斯纳的首要身份不是画家，而是杰克逊·波洛克的妻子，是他的遗孀，即使她是艺术家，也被看作是一位"女性"艺术家。李·克拉斯纳的传记以极其不公平的方式把她的艺术成就搁置一旁，即使在如今相对开明的时代，这仍是一种诅咒。

　　本书中还有其他一些将历史拨乱反正的例子，重新审视艺术家，并试图从凌乱的臆测中解读艺术家的作品，以尽量中立的立场重新解释他们对艺术的贡献和重要性。李·克拉斯纳、伊莱恩·德·库宁、凯·赛琪、格温多林·奈特、索尼娅·德劳内和南希·霍尔特一样，都罹患了我称之为"小妻子综合征"的顽疾。长期以来，她们一直生活在爱人崇高艺术地位的阴影下。书中的相关章节重点描述了这个问题，并试图在不扭曲伴侣亲密关系的前提下，揭示其重要性。李·克拉斯纳和伊莱恩·德·库宁都坚称自己在感情中绝无二心。纵然世界无法接纳她们与丈夫一起并肩作战，但这并不意味着她们就要另寻佳偶。

　　书中还有一些"女性"艺术家，不谈及她们的爱情故事，就看她们的艺术成就，便足以证明她们在那个结构性和制度性的男权主义时期，创造了多么显著的影响。李·米勒就是一个很好的例子，她完美到让人怀疑书中故事里的女性只不过是幻想出来的。我试图解开长期以来的误解，幻想不能创造艺术，情人也并非总是缪斯。毕加索以风流韵事闻名，至少与三位艺术家有过亲密关系。我聚焦弗朗索瓦丝·吉洛特，是因为她拒绝成为毕加索的缪斯，坚定地拒绝在任何与毕加索相关的作品上署名。因为她知道，这将破坏自己的艺术完整性。马塞尔·杜尚说，在超现实主义运动中，女性只允许成为"缪斯、模特或情人"。这句话的本质是对该运动的性别歧视，及其所订立的二元性别角色的严正谴责。杜尚的情人玛莉亚·马丁斯是他的缪斯，但她也是一位受杜尚尊敬的独立艺术家，在与杜尚的这段关系中拥有全部的主动权。

　　乔治亚·欧姬芙作为阿尔弗雷德·斯蒂格利茨的妻子和缪斯，是一位在女性主义舞台上享有盛名的艺术家典范。她拒绝参加佩吉·古根海姆的标志性展览"31位女性艺术家大展"，因为她不认为自己是"女艺术家"。有趣的是，本书中的许多女艺术家都参加了这场1943年于纽约举办的展览，这也使得古根海姆饱受争议。人们批评她只是挑选了一些自己熟知的男艺术家的妻子的作品参展，既没有严格评估，也没有创造一个真正公平的平台。欧姬芙一直拒绝参加此类全女性艺术家展览，如今，她的名声已远远超过丈夫斯蒂格利茨，尽管他们初见时，斯蒂格利茨已是一位受人尊敬的知名美术馆的经营者和摄影师。无独有偶，当年轻的弗里达·卡罗遇见迭戈·里维拉时，里维拉已是墨西哥最著名的艺术家，而如今，弗里达成了全球知名、备受喜爱的艺术家之一。芭芭拉·赫普沃斯（也不愿自己被视为女艺术家）在全球享有的声誉，已远超丈夫本·尼克尔森。

　　这些女性各不相同的经历，正是本书的另一个关键内容：爱的特性——爱会让没有交集的人走到一起，同时爱也具有一种创造和毁灭的力量。在这个范畴中，有不少夫妻，他们彼此的个性和关注点似乎完全不同。卡尔·安德烈和安娜·门迭塔就是非常典型的例子：一个非理性主义者和自然表现主义者的结合。还有草间弥生，她自由奔放，二十几岁就画下了"高潮"中的赤裸女性身体，她渴望热烈的欢爱，却与隐居遁世的老处男约瑟夫·康奈尔结下不解之缘。

康奈尔恨不得把自己系在母亲的围裙上，一辈子与母亲生活在一起，更不可能去参加狂欢了。杜尚是艺术界一位讨厌拘泥细节的隐士，马丁斯则是一位曾与大使结婚的社交名媛，两人的结合令人大跌眼镜。

除了这些看似不可能的情侣，本书还揭示了不同形式的伴侣关系。长期以来，艺术家们总是因为自己对于爱情和性爱的自由态度，受到嘲笑或得到支持和宽恕。弗里达和里维拉将一夫一妻制视为某种不适合他们婚姻的恶习。他们离婚一年后便又复婚，前提是共同认可无性婚姻会走得更长远。伊莱恩和威廉·德·库宁的婚姻是大多数人所说的开放式婚姻，离婚近20年后，两人又重归于好。让·丁格利和妮基·桑法勒同样分居两地，且拥有各自的情人。他们从未分开过，但他们的爱是距离产生美。多萝西娅·坦宁和马克斯·恩斯特以冷静的超脱态度对待婚姻制度，他们的婚礼敷衍了事，很容易被人淡忘。恩斯特从未称坦宁为"夫人"——他觉得这个词会让她置身于自己的阴影中，掩盖她的光彩。

这本书之前拟定的标题是"为爱痴狂"，以表现两个充满创意的灵魂锁在一起时的爆炸性特质。作为独立存在的个体和艺术家，蒂姆·诺布尔和苏·韦伯斯特成功度过了爱情燃烧殆尽、激情退却后的平淡期。玛丽娜·阿布拉莫维奇和乌雷经历了20年的沉默，终于和好如初，在这20年中，热烈的浪漫变成了怨恨。有很多关于艺术家对另一位艺术家爱得深沉乃至癫狂的故事：据说曼·雷和李·米勒分手后，曾手持枪械威胁意图追求她的人。还有很多故事是以悲剧收场的：卡米耶·克洛岱尔在结束与奥古斯特·罗丹的恋情后，心中的不满到了偏执和癫狂的地步，最终在十分凄惨的境遇下离开人世。在英年早逝的艺术家中，杰克逊·波洛克最具传奇色彩，他醉酒驾车，导致自己和一名乘客死亡，在波洛克去世时，他已经一年多没有绘画了。门迭塔在年仅37岁时与安德烈斗殴时不幸去世，当时她的职业生涯才刚刚起步。莉莉·艾尔伯因为追求女性身份而放弃了自己的绘画生涯，而她的爱人、艺术家格尔达·魏格纳在极为困难的境况下表现了自己的大爱，令人钦佩，死时身无分文，孑然一身。

另外，本书也描绘了那些真正灵魂伴侣的乐事：艺术家仿佛发现了另一个自己，找到了可以互相分享并发挥彼此炽热的创造力和激情的对象。埃塞尔·马尔斯和莫德·亨特·斯奎尔不仅找到了志趣相投的同行，他们还在那个极度反对同性伴侣的时代，建立起了一种平和、稳定且充满爱意的关系。作为伴侣，他们可以更好地寻找思想自由之人并融入艺术世界。南希·霍尔特和罗伯特·史密森一起深植于艺术土地之中，探索着全新的领域。若非史密森英年早逝，他们必然会在婚姻中相守更久，在艺术中齐头并进。南希·斯佩罗和李昂·戈拉伯是最早的激进主义艺术家，他们都创造出了饱含愤怒、富有张力、诚恳真实的作品，但在长期的婚姻关系中，两人内心平和，相敬如宾。安妮和约瑟夫·亚伯斯，这两位包豪斯艺术的杰出门徒，都笃信纯洁、抽象和艺术教育的力量，携手度过了许多快乐的时光。亚历山大·罗德钦科和瓦尔瓦拉·斯捷潘诺娃不论是在爱情还是艺术领域，都坚定无比地站在彼此身边。在西方女权运动尚未兴起时，他们就保持着健康、协作和平等的关系。在达达主义兴起如风的时代，汉斯·阿尔普和苏菲·塔博-阿尔普是彼此生命中最暖的火光。当苏菲时日无多，汉斯更是全心全意地保护和推广她的作品——书中的许多女性以这样的方式缅怀已故的丈夫，而愿意为妻子这么做的男艺术家却仅此一例。雅各布·劳伦斯和格温多林·奈特在一起生活和作画超过60年，在漫长的岁月中，奈特从未被爱人忽视。他们对彼此、对创作的热情历久弥新，从未消退。

　　然而，有些艺术家夫妻的相处过程似乎就没那么轻松了，有时他们会发现，最伟大的艺术对手恰恰就是自己的爱人。贾斯培·琼斯和罗伯特·劳森伯格的关系并没有经受住琼斯突然的名声大噪；拉奥尔·豪斯曼和汉娜·霍克携手发现且发展了蒙太奇摄影，但在他们纷乱的关系结束后，豪斯曼几乎再未提起过对方；曼·雷的自传中也几乎没有提及李·米勒，两人的关系始于教师与学徒，继而成了艺术家与缪斯，然后开始合作，最终由于争执和妒忌分道扬镳。

　　这引出了许多故事，有些故事会让人们对艺术家的合作开始驻足审视。我们倾向于将艺术家视为孤独的人物，与自己的天分和痛苦纠缠一生。自步入现代，越来越多的艺术家开始齐心协力共同完成作品，且每个艺术家都为这场艺术二重奏带来了不同的特质。为了提高工作效率，他们在合作时会尽力做到心平气和。当我们想到一对浪漫的情侣共同创作时，会觉得十分令人着迷。但激情的退却是否会威胁到艺术，就像诺布尔和韦伯斯特那样？抑或他们创作的艺术会消耗全部的生命，在工作室的时候容不下普通的"丈夫与妻子"的角色，如贝恩德·贝歇和希拉·贝歇一般？对吉尔伯特和乔治来说，高贵的艺术不可能落入尘埃而终结，平凡的人性也不值得费心一哂。30年后，克里斯托和让娜-克劳德在他们所有的作品上署上联名。他们小心地逢迎着"凡天才艺术家必然孤独"的既定成见，一直到成功之后，才欣欣然把让娜-克劳德久被忽视的贡献昭明于世。另一对隐瞒合作关系的夫妇是伊利亚·卡巴科夫和艾米莉亚·卡巴科夫，他们小心翼翼地摸索着，试图等到某一天，观者可以接受他们的作品是共同努力的结果。

一对携手共度生活的艺术家，对于联合创作的态度竟然如此谨小慎微，这揭示了所有艺术家心中最深切的关注：原创性。消除艺术家自我的最快方法就是，他的作品能让你想起很多熟知的艺术家。毕加索说，虽然每个伟大的艺术家都会窃取灵感，但不应一味地模仿或不知疲倦地自我重复而无其创新；艺术家都害怕其他艺术家的作品会对自己的独特性产生负面影响。我们已经触及艺术家情侣之间就艺术开展竞争的不堪情景，但本书中也有一些故事，集中在艺术家伴侣的健康阳光和不为人知的一面，并随着时间的推移，无意识地影响着彼此。就像在过去的 11 年里，我自己都没有意识到，我的丈夫让我变得更加耐心和谦虚一样；步入婚姻的艺术家，也会对伴侣的作品产生潜移默化的影响。对于劳丽·西蒙斯和卡罗尔·邓纳姆来说，正是这种无意识的后知后觉，让他们看到了把各自迥异的作品联系起来的那根丝线。对于安妮·莫里斯和伊德里斯·汗来说亦是如此，他们是彼此的灯塔和挚爱，他们也意识到了自己给爱人的艺术带来的微妙改变。

我历时数月写下 1880 年至今 34 对艺术家夫妇的爱情故事。有些艺术家的浪漫程度超乎我的想象。在这个过程中，艺术家和同事们给我做了很多推荐，我也拜访了许多出类拔萃的艺术家。在某些方面，一个具有艺术气质的人总会爱上相似的人，这并不奇怪。正如莫里斯和伊德里斯所言：这是他们可以想到的生活最好的模样。限于篇幅，我无法收录所有艺术家夫妇的故事，在此列下，以表感谢：瓦西里·康定斯基和加布里埃尔·芒特、娜塔莉亚·冈察洛娃和米哈伊尔·拉里奥诺夫、迈克尔·兰迪和吉利安·维尔林、罗伯和尼克·卡特、马特·克里肖和珀莉·摩根、罗伯特·马瑟维尔和海伦·弗兰肯萨勒、汤姆·道尔和伊娃·何塞、克拉斯·奥尔登堡和库斯杰·范·布鲁根、布鲁斯·南蒙和苏珊·罗腾贝尔格、大卫·麦克德莫特和彼得·麦格夫、迈克尔·爱尔葛林和英格尔·德拉格塞特、安东尼·戈姆雷和维肯·帕森斯、亚历克斯·哈特利和塔尼亚·科瓦茨、塔山·斯琴尔伯格和林恩·丹尼森、本·郎兰兹和尼基·贝尔。

我在挑选本书素材时，尽量以最广的范畴在 20 世纪的艺术家中做选择，并尽可能地从不同角度展现这些艺术爱侣的故事。书中的艺术家来自 13 个国家：美国、巴西、英国、加拿大、古巴、捷克、丹麦、荷兰、法国、德国、日本、西班牙以及瑞士。如果算上巴哈提·科尔和苏伯德·古普塔，那么印度也占有一席之地。很可惜，两位艺术家虽然喜欢本书的想法，但不愿过多谈论自己的隐私。作为当代艺术的两大巨头，他们设法在不透露任何婚姻细节的前提下，绘制自己的职业蓝图。在这种情况下，他们想要悉心保护隐私，也是可以理解的。

从本质上看，这是一部艺术史，书中的 68 位艺术家，如今仅有 17 人存世。他们都是曾在 20 世纪风头一时无出其右、广受赞誉的艺术家。莉莉·艾尔伯和格尔达·魏格纳、吉尔伯特和乔治、弗洛伦斯·威尔和弗朗西斯·洛林、埃塞尔·马尔斯和莫德·亨特·斯奎尔、罗伯特·劳森伯格和贾斯培·琼斯这样奇妙的伴侣，开启了有关非二元性别的讨论。

最终，我回到传记的痛点——没有它，这本作品是无法成书的。我坚定地认为，无论是之于艺术家们的故事、凌乱的爱情、个人的错误，还是心痛的记忆，艺术都应是独立的事物。但我也认为艺术应当开放，鲜活起来，并且将光芒洒向普罗大众。我希冀能通过描绘浪漫的爱情和艺术家们恋爱时的模样，透过阿斯利·也赞精美的插画，让读者对艺术萌生兴趣。书中的艺术家都是我的挚友，我希望这本书能让你和我一样，珍视他们的故事和艺术。

凯特·布莱恩
2019 年

弗朗索瓦丝·吉洛特

&

巴勃罗·毕加索

1943 ～ 1953 年

有人说巴勃罗·毕加索统治了整个 20 世纪的艺术，或许这个说法有点夸张，但他近 80 年的职业生涯确实让人望尘莫及。毕加索是高产的艺术家，91 年间他共创作了 5 万余件艺术作品，这个高产的数量让其他艺术家难以望其项背。毕加索的非凡成果与他的生活有着密切的关联，他的艺术可以看作是他生命和爱情的日记。毕加索的作品并不易懂，他虽是一位独特的天才，对谁都慷慨热情，但同时他也是一个反复无常、难以相处的人。当他开始找寻新的刺激时，他就会对妻子及情人表现出厌倦；不仅如此，他对子孙也不甚关心。毫不夸张地说，他的身后一片狼藉。

毕加索的第一任妻子奥尔加·霍赫洛娃在离婚后依然对他"纠缠不休"。她会每天写信给他，并在法国南部一直尾随着他，还时常会在公共场合谴责毕加索和他的新恋人。霍赫洛娃去世前，曾请求与毕加索见一面，但毕加索一直杳无音讯。毕加索那位年轻貌美的情人——玛丽-泰瑞斯·沃尔特，在精神病院度过了她生命中最后的几十年，并在他们相识 50 周年的纪念日自杀离世。而毕加索弃她远去的原因，是为了朵拉·玛尔。朵拉在与毕加索分手后精神崩溃，不得不接受电击治疗。最终，朵拉过着像修女一般的生活，并经常呢喃道："毕加索后，唯有上帝。"1973 年，毕加索的最后一任妻子杰奎琳禁止大多数家庭成员参加毕加索的葬礼；几天后，毕加索的孙子帕布利托喝下了一瓶漂白剂，自杀身亡。13 年后，杰奎琳拼尽全力完成了毕加索的遗愿，但一直被孤寂折磨的她，最终也选择以自杀的方式结束自己的生命。

在毕加索一生中所有重要的女性里，只有弗朗索瓦丝·吉洛特幸存于世，心灵和思维也完好无损，她向我们平静地讲述了这个故事。吉洛特是唯一一个甩了毕加索的女人，因此毕加索从未原谅她。就像毕加索在她之前的其他两位伟大的爱人——费尔南德·奥利维尔和朵拉·玛尔一样，吉洛特也是一名艺术家。尽管吉洛特取得了许多成就，但她最为人所知的身份就是毕加索的情人。吉洛特与其他人的区别在于她极具斗争智慧，在毕加索试图欲擒故纵、试探乃至破坏她的热情时，她依然游刃有余。

吉洛特和毕加索于 1943 年 5 月在巴黎相遇，当时吉洛特年仅 21 岁，毕加索已 61 岁。那天，毕加索在卡塔兰餐厅陪着自己的情人朵拉·玛尔和朋友用餐。只那一眼，毕加索便起身离席，坐在了吉洛特和她的朋友吉纳维芙的桌前。他点了一碗樱桃，她们告诉毕加索自己是艺术家后，毕加索放声大笑，说道："你们这样美丽的女孩子不可能是画家。"且不管毕加索怎么想，吉洛特当时是货真价实的画家，并且还售出了一些作品。和当时巴黎的所有人一样，吉洛特当然知道毕加索是谁；那时的毕加索，已成名 40 多年。吉洛特和朋友接受了去参观毕加索工作室的邀请——那时年轻

的艺术家都想去一睹为快。因为当时的巴黎被纳粹占领，毕加索被纳粹称为"堕落的艺术家"，因此在美术馆和博物馆中不可能见到他的作品。能去毕加索的工作室参观，真是令人欣喜若狂。

吉洛特开始独自频繁地出入毕加索的工作室，不久后，毕加索对这位年轻艺术家的迷恋愈加明显。经过六个月的心灵交流、安静独处后（在许多著名的工作室里都会有一间静室），吉洛特袒露了心迹："我从未想过会爱上他，现在我已知并无退路。毕加索显然能够如他的艺术一般，完全回避人际关系中所有的世俗规矩。"事实上，此时毕加索仍和朵拉·玛尔保持着情人关系；原配妻子霍赫洛娃拒绝与他离婚，他们还育有两个孩子。吉洛特清楚地知道自己的境遇：她并没有迷恋毕加索的名气，也不是倾倒于他矮小的身材，更不是懵懂的早恋。"我知道无论结果如何——无论多么美妙、痛苦，或两者交织——这段恋情对我而言，都极为重要。"

吉洛特和毕加索在 1943 ~ 1953 年携手共度了十年，育有两个孩子：克劳德和帕洛玛。对于毕加索来说，吉洛特代表着一种安全的、对现实理想化的逃避；和吉洛特在一起时，宛若纯粹灿烂的阳光，他也可以和其他人一样释放情绪，逞一时之气。

毕加索是一个脾气暴躁的天才，他因自己的才华而自负，对别人向他表达的真切敬意既享受又不屑。他的世界充满着阿谀奉承：他在饥渴的画商眼前晃着画作，在折磨情人的同时顺便看着这些画商相互争抢。在伤心欲绝的玛丽-泰瑞斯·沃尔特和朵拉·玛尔发生肢体冲突时，毕加索就在一旁津津有味地、残忍地看着这一幕的发生。他经常测试吉洛特对他的爱究竟有多深，当吉洛特拒绝配合时，他就会厉声指责，说她冷酷、精于算计且心地不好。他最为失望的是无法完全控制、遏制或看透她。

与毕加索之前的情妇不同，吉洛特并非是他的感官玩物，而是心灵伴侣。他们会彻夜谈论绘画和哲学，毕加索会分享他独特的世界观，以及对艺术令人目眩神迷的见解给她。吉洛特也一直努力继续绘画，虽然家庭状况很混乱，但她有两个年幼的孩子和一个更依赖于她的伴侣。

　　毕加索把吉洛特介绍给了自己的画商丹尼尔-亨利·康维勒，并成功将她的画作卖给了美国的收藏家。他还将吉洛特介绍给了自己欣赏的艺术家，也是朋友兼竞争对手——亨利·马蒂斯。在听到马蒂斯提议要为吉洛特画肖像后，毕加索似宣布领土主权一般，为吉洛特画了许多肖像。与其他人不同，吉洛特对于成为缪斯没有丝毫兴趣，且要求不要以她的名字命名任何画作。她爱毕加索是因为自己是个画家，而非自恋狂。

　　在他们情侣关系的最后两年，吉洛特疲惫不堪、郁郁寡欢。毕加索是一个虐待狂，对于她糟糕的健康状况漠不关心、不闻不问，而吉洛特的疾病主要是由于在混乱的家庭中得不到休息所造成的。最终，尽管毕加索威胁她说："你这是自寻死路"，她仍然决定离开。就像她睁着迷人的眼睛开始这段关系一样，她带着疲惫的双眼向毕加索挥手告别。她知道巴黎这个城市，对她来说就是一个剧毒的圣杯，光艳夺目却不可触碰。吉洛特搬到了纽约定居，在她 97 岁高龄时，她仍在作画，似乎生命中的力量尚未燃尽一般。除了一生不辍的画笔，吉洛特还创作了一本绮丽且引人关注的回忆录，记录了她与毕加索的十年岁月。1964 年，毕加索曾试图禁止这本回忆录出版，但最终失败。他总是忘不了吉洛特，并永远也想不通，为什么他不能在二人的关系中胜出。他曾下过一个著名的论断：女人"要么是女神要么是女仆"。但这样的一个男人，拼尽了所有男子气概也未能抓住的，是吉洛特最根本的想法："凭什么一定要女人让步？我绝不让步，也许是我比这个时代往前走了一些。"回忆录出版后，吉洛特和毕加索通了一次电话，这是他们分手后，仅有的一次通话。吉洛特在巴黎的成就甚多，她也一直毫不吝啬地宣扬着她的成就，以避免这些成就被毕加索的光环所掩盖。然而，不可否认的是，她人生最伟大的成就，就是她是唯一赢过毕加索的情人。

弗里达·卡罗

&

迭戈·里维拉

1927 ~ 1954 年

弗里达·卡罗是历史上赫赫有名的女性艺术家。如今，我们可以在很多文化产品上看到她的形象，如 T 恤、包袋等；不仅如此，她的个人生活也成了许多书籍和好莱坞电影的主题。毫不夸张地说，弗里达的形象就如切·格瓦拉一样，已然是一种辨识度极高的国际流行元素。人们欣赏弗里达，不仅因为她独具个性的人物形象，还因为在她个性十足的外表下所透出的一份英勇、朝气、不盲从和坚毅。不过，即使弗里达的形象经常出现在公众眼中，但大多数人对她的生活和艺术仍知之甚少。对她稍许了解的人都知道，弗里达生活中闪光的部分，除了她的艺术，还有她与墨西哥艺术家迭戈·里维拉的一段情缘。

从外表来看，这对情侣堪称滑稽，简直就是艺术界的"美女与野兽"，或是如弗里达的父母形容的那样——"大象和鸽子"。弗里达极具魅力，在各种自画像及现实生活中，她都十分引人注目。在《名利场》和《时尚》杂志的照片中，弗里达也是风姿绰约的。弗里达的面部有着鲜明的特征，最广为人知的就是她为自己画的一字眉，还有她将上唇汗毛画成的傲娇的小胡子。她的着装也很独特，她喜欢身着色彩鲜艳的传统特瓦纳服装，并以精致的民间风格装饰秀发。弗里达比里维拉年轻 21 岁，矮 30 厘米，轻 90 公斤；里维拉喜欢穿着不合身的西装，大腹便便，眼中满是自我。

对于这种鲜明的外表对比，弗里达不以为然。在写给里维拉的情书中，她常常把别人认为的身材上的缺陷——大白肚子、下垂的胸部等，描述为性感的象征。同时，她也不会因为彼此的艺术风格截然不同、在艺术领域中天壤之别的地位而心怀忧虑。里维拉是一位著名的壁画家，他擅长运用壁画的形式为墨西哥革命服务。他的作品直接、广阔，充满公共性和政治意味。相比之下，弗里达的艺术创作更带有个人色彩，以至于在她生命中的大部分时间，她的作品都没有得到充分认可。在里维拉功成名就的时候，弗里达的作品还不受待见，这很可能是由于她的生活和画作主题总带着一

迭戈·里维拉的壁画《军火库》（*The Arsenal*），画面中弗里达·卡罗位于作品中央，正在向参与革命斗争的人民分发武器。这幅作品充分地反映了里维拉的政治信仰。

丝私密，并透着一股超现实主义的神秘色彩。里维拉的艺术更专注于描绘新生的墨西哥，通过革命的镜头重述他家乡的故事；而弗里达的艺术则更倾向表达平生的苦痛之处，是一种极为复杂的宣泄，借鉴了传统的天主教形象和风流小报的元素。

　　弗里达的作品总是在叙述着人类苦难的生活，在墨西哥，弗里达被称为"herofna del dolor"，意为"痛苦女神"。弗里达在六岁时患上了小儿麻痹症，因此她童年的大部分时间不得不在床上孤单地度过。18 岁时，弗里达又经历了一场惨烈的交通事故，所乘的公共汽车被一辆电车狠狠撞上。弗里达由于患小儿麻痹症而萎缩的腿骨折了 11 处，骨盆、锁骨、脊柱和两根肋骨同时骨折，右脚粉碎性骨折。当时有一名乘客随身带着一包金粉，因此当弗里达被发现时，她赤裸的身体上覆着一层闪闪发光的金色。

　　这段经历很快成了弗里达自我叙事的一部分。这位受伤的天使幽默地说道：我生命中发生了两起重大事故，一起是车祸，另一起是遇到迭戈。

　　在迭戈为教育部创作壁画《军火库》时，两人的关系有了很大的进展。弗里达在卧床养病时拿起了画笔，她迫切地想知道在墨西哥现存最伟大的艺术家眼中，自己是否还应当继续艺术之路。那天，迭戈·里维拉的肯定和鼓励一直留在弗里达的心中。自那次见面后，他们的感情急速升温，正如里维拉所说："弗里达已成为我生命中最重要的人，此后亦如是。直到 27 年后，她永远地离开了我。"他们于 1929 年 8 月喜结连理，婚礼照片登上了报纸。在那个审美由进口时髦服饰把持的年代，弗里达不同寻常的着装被称为"农民打扮"。

　　作为艺术家，他们对彼此的尊重从未有过分毫减弱，但他们的婚姻生活却十分混乱，充斥着不忠。里维拉为自己旺盛的性欲感到自豪，还公然将做爱的频率比作小便。他对感情是鲁莽且不理性的：在与弗里达结婚之前，他曾有过两次婚姻、三个孩子。不仅如此，有人认为，里维拉还抛弃过另一个为他生下孩子的女人。

　　弗里达最著名的作品就是她的自画像，她经常会在自画像中呈现出一种自己在感情上受伤的模样，并且她的自画像占据了她 200 幅作品的四分之一以上。1932 年，在遭遇流产之后，弗里达将自己经历的血腥场面倾注在了《亨利·福特医院》（*Henry Ford Hospital*）里。在 1935 年的作品《轻轻地刺了几刀》（*A Few Small Nips*）中，她又将自己遭遇的最悲惨的背叛付诸笔端：里维拉和她的妹妹克里斯蒂娜有了婚外情。这幅画作的灵感来自当时的剪报，一个残忍无情的杀手数刀捅死了自己的妻子，在审判时他却说"只是刺了几下而已"。弗里达以天主教宗教画的手法，极为生动地将里维拉比作凶手，而把自己的妹妹比喻成了受害人。与人们在教堂里看到的圣洁殉难的宗教画不同，在弗里达看来，自己的这幅作品是对女性悲惨社会地位的写照，是对丈夫最残忍的不忠行为的控诉。这次出轨导致他们在 1939 年离婚。

　　人们总是把这位"痛苦女神"看作是感情生活里的受害者。弗里达最为人所知的特征，也许就是她的一字眉和上唇的毛发；但真正令人铭记的，却是她强大的内心、苦行般的耐力以及略有裂痕的灵魂。自弗里达儿时起，对于爱，她似乎总是求而不得，这让她年轻的心灵千疮百孔。弗里达母亲唯一的儿子幼年夭折，弗里达在怀孕时也遭受了同样的厄运。她是家中六个女儿里父亲最爱的那个，有着男孩般的性格。她穿着男士西装，精心梳理着她的眉毛和小胡子。即使不幸罹患小儿麻痹症，对她似乎也没造成什么影响。有一次，她住院治疗，她的母亲在三个月内只去探望过她三次。可能也正因如此，弗里达变得十分独立，她坚持不懈地在痛苦中作画，勇气充盈着她身体的每一个细胞。面对丈夫的不忠，弗里达用一种不间断地与男人或女人的出轨行为报复着、放肆着。据记载，她征服过的最著名的女性是美国画家乔治亚·欧姬芙，最有名的男情人则是俄国革命家莱昂·托洛茨基。在莱昂·托洛茨基被俄国流放后，身为共产党员的弗里达和里维拉还邀请他免费在家中住了两年。

　　不论按照怎样的标准，弗里达都过着跌宕起伏的不凡生活。她曾让法国诗人安德烈·布勒东、巴勃罗·毕加索和俄罗斯艺术家瓦西里·康定斯基着迷不已。然而 30 岁后，她一直忍受着漫长的疼痛，不断地寻求新的治疗手段，且经历了大大小小 30 多次手术。其中包括一次极为疼痛的脊柱重整术。在弗里达去世的前一年，她还经受了一次下肢部分的切除手术。可她依然拥抱生活中的苦涩曲折，这才是她与众不同的地方。离婚后不久，她就和里维拉复婚了，并仍以母性般的温柔照顾着任性的里维拉，弗里达甚至还会用橡皮鸭为里维拉擦背。不管怎样，即便弗里达认为他们再婚时既没有性也没有钱，但在一起，就比分开要好。弗里达一直想保持独立，但她也大方承认："迭戈不会是独属于任何人的丈夫，永远都不会，但他是一位伟大的同志。"弗里达的一生因个性独特而为人所知，最终作为一名艺术家闻名于世，她让自己的生命变得高贵。在弗里达去世前，她举办了两次个人展览，同时她也是第一位作品被卢浮宫收藏的女性艺术家。她不想错过见证自己成功的场面，在弥留之际，在她身体极度虚弱且对止痛药和酒精无比依赖时，她仍然躺在担架上参加了她在墨西哥的第一次艺术作品公开展。

　　弗里达就这样真实地描绘着自己的痛苦，并学着与死神共舞。1954 年7 月，弗里达结束了自己的生命；此前，她可能也曾数次想要了断自己漫长的病痛。里维拉或许是想刻意隐瞒弗里达自杀的事实，因此他未经尸检，而是从一个医生朋友那里开具了死亡证明。在离世时，弗里达的艺术信徒已经发展到天文数字，远远超过了她成名已久的丈夫。里维拉的作品充满着公共性和政治意味，但对于寻求种族和性别之间的交叉点、追求高度个性化和表现力的观者而言，里维拉的作品却似乎并没有那么引人注目。恰恰相反，弗里达希望我们能从她的自画像中看到她的凌厉之美，感受到她在复杂的叙事中所表现出的痛苦，这与广大观者产生了强烈的共鸣。

　　布勒东将弗里达美丽的画作形容为"缠在炸弹上的丝带"，这种精妙的描述也同样适用于她糟糕的健康状况、刚烈的个性和对里维拉长久的爱意。

卡尔·安德烈

&

安娜·门迭塔

1979 ~ 1985 年

卡尔·安德烈和安娜·门迭塔的爱情正应了那句老话：异极相吸。门迭塔是一个极具社交魅力的人，她用自己的身体与大地进行没有明确开端和结尾的艺术实验。门迭塔的一切都是充满活力且直观的，一如她所创造的艺术那样情感充沛，震撼人心。她的丈夫安德烈则与她截然不同，安德烈理性且有条理，他的艺术是纯粹的极简主义：谨慎、安静且不掺杂情绪。

然而，人们对这段婚姻感兴趣并非是因为两人在艺术上的极端差异；而是在 1985 年，门迭塔生命的戛然而止。时至今日，国际女权运动的成员仍然会在一些公共机构举行抗议活动，如 2016 年在伦敦泰特现代美术馆前举行的"安娜·门迭塔去哪里了"运动，抗议该美术馆的展品中有安德烈的作品，却没有门迭塔的作品。虽然人们一直在倡导艺术中要男女平等，但这并不是在简单地要求女性在艺术中享有平等的权利。的确，她们的抗议更为愤怒也更个人化，因为她们当中的许多人都是家庭暴力的幸存者。她们想知道为什么安德烈——一个被她们认定是暴力狂的人，仍然能够受到艺术界的尊敬。对于她们以及 30 年前就开始抗议同一问题的女性来说，门迭塔和安德烈的故事不应仅聚焦在他们在个性和艺术的差异上，还可能是一个更复杂且令人不安的故事：据说，门迭塔是被安德烈谋杀的。

1985 年 9 月 8 日，门迭塔从她和安德烈居住的曼哈顿公寓坠楼身亡，当时她只穿了件蓝色内衣。安德烈告诉警方："她不知道怎么就掉下去了。"后来，他们的邻居证实这对夫妇有酗酒的恶习，并且经常发生争执。在这个不幸的夜晚，这场家丑终以悲剧而告终。急救中心发现安德烈的身上有抓痕，但他却说不记得是什么造成的了，他也不清楚究竟是什么导致妻子

安娜·门迭塔在花朵中创造出自己身体的轮廓或印记。

的死亡。安德烈被指控犯有谋杀罪，但他坚称自己是清白的。门迭塔的朋友们认定门迭塔是不可能自杀的，因为她有恐高症，而且当时她的事业蒸蒸日上，对工作充满了兴趣，每天都很自信，神采飞扬。三年后，安德烈被撤销所有指控并无罪释放。现在，安德烈仍是一位在美国占据着重要地位的艺术家。当时，有些反对安德烈的人迅速指出，彼时他妻子的艺术事业正一路高涨，而安德烈的职业生涯却在批判性和公众认可等方面遭遇急剧下滑的劣势。安德烈的作品在 20 世纪 60 年代中期崭露头角，被认为是极简主义的代表，极大地改变了人们对雕塑的可能性和呈现方式的既定观念。安德烈与唐纳德·贾德、伊娃·海丝、索尔·莱维特、丹·弗莱文一起，拒绝了上一代表现主义的创作方式，取而代之的是对工业形态和几何形态冷静、超脱的表达。安德烈尤其因重新思考雕塑的制作和表现而受到称赞。

安德烈并没有雕刻或塑造任何东西，相反，他将已存在的东西进行了重新分类或摆放。他最著名和最具有争议的作品是《等价物 8》（*Equivalent VIII*，1966 年），这是一个由 120 块砖直接排列成两层的长方体。与当时盛行的艺术思潮相反，安德烈的雕塑非常注重作品的物质性：这些砖块彼时都是"等价物"，对于他来说，作品的价值就在于其基本属性。安德烈的艺术作品不是一个概念，而是切切实实的物体，并且这些物体的组装和呈现都非常简单，透露出一种纯粹的极简主义，这就是安德烈思考物质和实质的切入点。

门迭塔的作品从未如此独立和正式过，这可能和她的出生及成长经历有关。1948 年，门迭塔出生于古巴，后来成了菲德尔·卡斯特罗政权下的儿童难民，在美国长大。门迭塔的不安源于她与家人和故乡的分离，这是她作品中反复出现的主题，也是她想通过作品传达出来的东西。门迭塔在创作中借鉴了古巴的民间传统，这种传统深深植根于她的作品中。她反复在泥土、岩石、树叶中创造出她身体的轮廓或印记；在她的自画像中，她不断地审视着自己作为女性和古巴人的身份。她将血液覆盖全身描出身影，或是把毛发粘在自己年轻的脸上，伪装成一个男子——这些作品都令人印象深刻。她的作品会给人一种焦虑的感觉，因为她可能刚在花丛中印出自己胴体的轮廓，在接着的下一部作品中，又亲手将同样的轮廓打破，以象征其身份的分崩离析。

20 世纪 70 年代末，女性主义艺术运动进入纽约，闯进了那个保守的、由男性主导的艺术世界。门迭塔正处于那个时代的风口浪尖，当时她对女性在艺术中的价值、影响、地位进行了重新界定。女性开始在艺术史上写下自己的一笔，同时也给未来的边缘艺术家们设立了新的标准。另一方面，安德烈不再被认为是激进极简抽象艺术的代表人物：与艺术中的每一个新运动一样，下一代对上一代总是不屑一顾。当时安德烈的作品正在博物馆巡回展览，但反响平平，观展人数也很令人失望。正是在这种所谓艺术竞争的背景下，门迭塔突然以充满争议的方式去世了。

自然，对这位年轻女性象征艺术的抵制，也和她刚刚获得的批判性认可一样，就此戛然而止。只是最近几年，人们才对她曾在博物馆展出的艺术品进行了深思熟虑和细致入微的审视。这些展出的作品以无可辩驳的方式，证明了门迭塔是一位锐意进取且富有创造力的杰出艺术家，她留下的艺术遗产不应该因为她的死亡而被掩盖。但她也并非是因为对女性主义艺术的开创性贡献而为人铭记，门迭塔作品中透出的复杂性、生命力和独创性才是她真正的魅力所在。

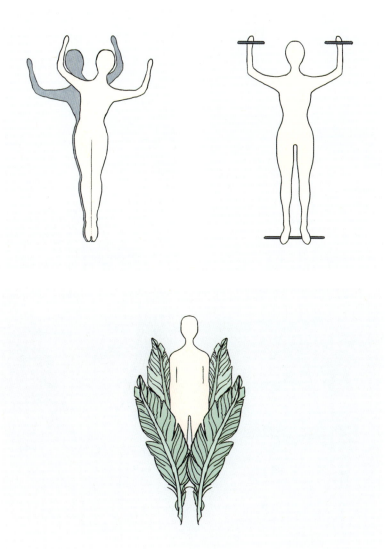

安娜·门迭塔在泥土、岩石和树叶中，反复创造出自己身体的轮廓或印记。

克里斯托

&

让娜-克劳德

1958 ~ 2009 年

　　1969 年 10 月 28 日，世界上最大的艺术品降落于悉尼附近，为期十周。和《拉什莫尔山》（*Mount Rushmore*）相比，《包裹海岸》（*Wrapped Coast*）更为巨大。这件令人震惊的作品耗费了 17000 个小时和 100 多名人力，精密筹划了四个星期。两位艺术家将 9.3 万平方米的合成纤维织物，覆盖在了 2.4 公里的岩石海岸线上，并用长达 56 公里的绳索和 2.5 万个扣件对其进行固定。虽然在整个创作过程中，艺术家对自然景观进行了巨量的干预，但依然真实地还原了悬崖的自然形态，并没有掩盖住它的光彩。事实上，艺术家使用的面料反而能更好地突出澳大利亚海岸的壮观。这件艺术品虽然是暂时的，但它却长久地留在了数百万人的脑海中。这对雄心勃勃的夫妻，就是克里斯托和让娜-克劳德。

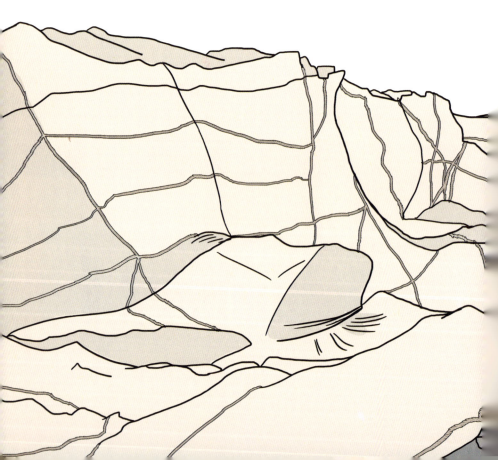

在过去的半个世纪中，克里斯托和让娜-克劳德创作了一系列令人惊叹、印象深刻、长久难忘且颇具影响力的作品。值得一提的是，即使每一件作品的创作都需要花费巨额资金，但他们都自食其力地实现了，从未接受过一美元的艺术资助或商业画廊的援助。这对艺术家在艺术界有着很高的地位，他们的早期创作被全球各大博物馆竞相收藏，但他们绝对没有从任何的大型创作中获取过一分钱的利润。这对夫妇最迷人也可能是最让人气恼的品质就是，他们选择性地忽略了自己有多么独特，就连填写名字这样简单的事情，他们也会搞得让人困惑不已。比如，在他们的网站上会有一个有趣的页面，称为"最常见的错误"，第一个就是"克里斯托是他的名，没有姓"。让娜-克劳德也只用了名，他们的儿子西里尔倒是使用了克里斯托的名，并将其作为姓写在了身份证明上：西里尔·克里斯托，1960 年 5 月 11 日出生。

克里斯托和让娜-克劳德的作品经常会覆盖大片区域，包括澳大利亚悉尼附近的岩石海岸线。

这对没有姓氏的夫妇于 1961 年开始合作。然而起初人们都以为他们的作品是由克里斯托单独创作的,直到 1994 年,他们追本溯源,声明他们所有的艺术作品均由克里斯托和让娜-克劳德共同完成。他们最初的想法非常简单,即希望自己的作品仅与两人中一个人的名字联系起来,但是随着作品逐渐享誉国际,他们很明白这是两人通力合作的成果,于是他们开始决定摈弃原有的想法,共同署名。让娜-克劳德于 2009 年去世,享年 74 岁。克里斯托目前仍在以他们共同的名字进行创作,因为他们的作品大部分都需要花费数十年的时间才能实现,而作品的创意都是妻子在世时想出来的。

这对艺术家夫妇不仅拥有独特的署名,他们作品的媒介也令人难以捉摸。他们把悉尼海岸线、纪念碑、博物馆,甚至柏林国会大厦都包裹了起来,因此两人经常被人称为"包裹"艺术家。但他们并非所有的作品都会用到这种方式,在 22 个已经实现的艺术作品中,他们曾在意大利湖上建造了一座全长 2.5 公里的浮动码头,在加利福尼亚州架起了一道长 34 公里的围墙,还在科罗拉多州的两座山谷间,挂起了一道 11 公里的巨型帷幕。由于两人作品的临时性和最后的呈现方式,人们将他们称为概念艺术家,也有人称其为地景艺术家。但这对艺术家似乎并不喜欢这两种称呼,并将之视为"愚蠢",他们更希望自己被贴上环保艺术家的标签。他们一直在用织物、布料展现多变的自然,这一初衷比他们如何创作、如何对作品进行分类来得更为重要。他们一直认为自己是在通过隔离"人类渴望却不能长久拥有的爱情和温柔",努力为人类的创造性增添一些东西……比如若有人说:"哦,看那边,有彩虹",你永远不会说:"等等,我明天再看。"

当克里斯托于 1958 年在巴黎遇见让娜-克劳德时,他已经开始尝试将物品包裹起来,这一灵感来自马塞尔·杜尚和曼·雷。从保加利亚逃出后,克里斯托来到巴黎,成为一名肖像画工作者,通过为别人画肖像的收入来支持自己创作更前卫的艺术。他会在工作室里创作的作品上署上自己的姓"克里斯托",在公众场合创作的作品上写上自己的名"贾瓦切夫"。让娜-克劳德的中产阶级母亲是贾瓦切夫的主顾之一。正是在她家中绘制肖像时，克里斯托和让娜-克劳德相遇了。这种吸引是如此直接而热烈，三周后，让娜-克劳德就离开了当时的丈夫，和克里斯托私奔了。在接下来的两年多时间中，让娜-克劳德的家人再也没有和她说过一句话。一年不到，她诞下一子，并开始成为丈夫艺术生涯中坚定、刚烈又极有天赋的监督员。

1964 年，他们移民纽约。在那里，他们艺术创想的规模和雄心变得更加无限。凭借不知疲倦的毅力和高超的交际手腕，让娜-克劳德终于通过漫长的官僚主义诉讼和法庭听证会，获得了实施创作的许可。包裹柏林国会大厦一共花了 24 年的努力才取得成果，这期间经过了激烈的议会辩论、无数的媒体报道和不懈的资金筹措，还受到了新法西斯分子和前激进主义者不间断的死亡威胁。不过这件带着尖锐意味的艺术作品——将这样一个象征着政治和社会创伤的地标式建筑包裹起来，只存在了短短两个星期，却有超过 500 万名的观者前往并观赏了这件令人叹为观止的杰作。

50 多年来，这对艺术家夫妇齐心协力，无论是在家里还是在工作室内，他们每天都要工作 12 ~ 14 个小时，全年无休。在艺术的领域中，他们唯一没有一起做的事情就是画画。克里斯托是这段合作关系的主导者，他会根据两人的宏大计划画出准备阶段的精美草图，并通过出售这些草图、模型、版画等来筹集项目的全部费用。而在生活中，他们唯一没有一起做的事情就是坐飞机：他们担心飞机失事，因此从来不一起乘机。这样即便其中一人不幸离世，另一个人仍然可以延续他们未完成的事业。在让娜-克劳德由于脑动脉瘤去世之后，克里斯托仍坚守着两人的约定，继续创作，以实现他们的艺术创想。近十年过去了，耄耋之年的克里斯托，在失去自己那位一头火焰般红发的爱侣，同时也是最出色的外交官和最一针见血的批评家后，依然在勉力前行着。总有一天克里斯托也会离开这个世界，但就像克里斯托和让娜-克劳德创作的那些让人惊叹的作品将永世长存一样，这对艺术家夫妇也将永远在艺术史上占有一席之地。

罗伯特·德劳内

&

索尼娅·德劳内

1909 ~ 1941 年

在 20 世纪初，巴黎是世界的中心，那里有着宽阔的林荫大道，优雅的新式建筑，人潮如织的歌舞厅、公园和餐馆，如一座跳动着文化脉搏的不夜城，孕育而生了一个全新的阶层。这个阶层的人们喜欢享受生活，自由工作。那是一个欣欣向荣，社会变革日新月异的时代。巴黎对波希米亚人有着致命的吸引力：他们从世界的各个角落汇聚于此，来到这个美丽新世界的最前沿。罗伯特·德劳内和索尼娅·德劳内也被巴黎全新的精神面貌所深深吸引，他们不仅在艺术中展现了这种精神，甚至他们全部的生命，一呼一吸，也都根植于这个他们热爱的城市。尽管那时战争频发，尽管经济困难且身体欠佳，但罗伯特和索尼娅依然乐观向上，带着 20 世纪初勇于开拓的积极态度创造着属于他们自己的艺术。

罗伯特和索尼娅是带着对巴黎的活力的向往来到这座城市的。巴黎对外来者、先驱者和流离失所者一视同仁的态度，让生活在这个空间的人们有了一丝安慰。罗伯特和索尼娅有着相似的童年经历，他们都在儿时与父母分开且离开了家乡。罗伯特于 1885 年出生于巴黎，是一位伯爵夫人的孩子，父母离婚后，他被送到布尔日附近和姨妈一起生活。索尼娅于 1885 年出生在乌克兰的一个俄罗斯犹太农民家庭，她的叔叔在索尼娅六岁时收养了她。索尼娅在圣彼得堡上流社会中度过了一个颇有教养的童年。18 岁时，索尼娅离开家乡，独自去了德国的艺术学校学习，通晓四种语言。看到了外面世界的她，决定不再回乌克兰。

当罗伯特和索尼娅在巴黎相遇时，索尼娅已经与威廉·乌德结婚，并与巴黎前卫艺术巨头巴勃罗·毕加索、乔治·布拉克和安德烈·德朗一同展出作品。彼时她 22 岁，她的丈夫乌德是她的密友和社交伴侣，但非她心中所爱。乌德是一位艺术品经销商，也是同性恋，对他而言婚姻只是一种遮掩。索尼娅是一位自信而进取的年轻女性，她于 1905 年独自抵达巴黎，决心投身艺术并成为前卫艺术界的核心一员。然而，索尼娅却受时代拖累：她富有的舅舅对她这种不安定的生活很不放心，拒绝给她任何资助并要求她回到圣彼得堡，除非她结婚。为了能安稳地生活，为了能不再回到家乡，

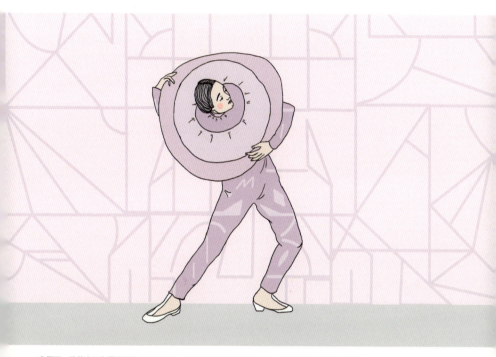

索尼娅·德劳内正在展示设计原型的场景，这也是最能体现德劳内夫妇"同步设计"的艺术形式。

她和乌德于 1908 年结婚，并成了艺术界的知名人物。出席他们婚礼的有毕加索、布拉克、著名思想家让-雅各·卢梭，以及偶然来访的伯爵夫人德劳内。罗伯特当时和他的母亲一起参加了晚宴，也同时遇到了他的命定之人索尼娅，从此他们坠入爱河。他们都被彼此深深地吸引着，无论是对那个时代艺术的冷静态度，还是对方那令人目眩神迷的魅力，总之他们相爱了。罗伯特和索尼娅于 1910 年结婚，那时索尼娅已怀有一子。

　　在与索尼娅结婚后的几个月里，罗伯特从多年来一直未能突破的新印象派艺术中一跃而出，创作了一批原创作品。他也借由这批作品在艺术界的地位一飞冲天，为自己在艺术史上留下了浓重的一笔。罗伯特的新风格借鉴了立体主义，他将毕加索和布拉克所开创的支离破碎的绘画风格，结合多变的色彩做了进一步的抽象化处理。值得一提的是，罗伯特并没有借用立体主义的柔和色调及内省的思维方式，而是力图表现出光影与色彩的奇妙交汇，以他活泼、充满活力的艺术作品捕捉了巴黎埃菲尔铁塔和玻璃窗的流光溢彩。

这两位艺术家在进入了彼此的生活轨道后，事业发展得如火如荼。索尼娅和罗伯特可以说是彼此最佳的艺术伙伴，他们的朋友、诗人兼艺术评论家纪尧姆·阿波利奈尔说："只要他们醒着，他们就会用自己的语言来诉说艺术。"索尼娅并没有因为母亲的角色而影响到自己的工作；相反，她的小儿子成了她创作的动力。索尼娅为孩子制作的小被子已成了她的代表性作品，现在人们还普遍认为，这是 1911 年艺术界的一件杰作。其缤纷的色彩和形状即使今天看起来仍十分现代。这样的尝试让索尼娅从画布这种媒介中脱离了出来，走上了绘制墙纸，制作靠垫、灯具和衣服的实验性道路。索尼娅是一位致力于废除艺术形式间等级制度的先驱，她声明："对我而言，我的绘画与所谓的'装饰性'作品没有差别。"

不过令人遗憾的是，当时现代主义对于艺术形式平等的信仰并没有实现，因此索尼娅的大部分作品仍然被忽视了，理由是它们不属于艺术范畴。很长一段时间来，人们都认为与她的丈夫相比，索尼娅只能算是一个不入流的艺术家。甚至还有一种观点，认为索尼娅在嫁给罗伯特之后应该搁下画笔，尊重丈夫脆弱的自我，后退一步，选择一个更适合女性的工作。这种愚见显然没有考虑到德劳内夫妇坚如磐石的伙伴关系：他们都致力于维护婚姻，两人甚至还创造一种他们称为"同步设计"（simultanéisme）的艺术形式。这个词是他们独创的，也是他们创作的核心理念，指通过将对比色放在一起，以营造一种律动、节奏和能量。罗伯特将这种理念在画布上呈现了出来，索尼娅也在新的艺术领域中创作了几幅代表性的画作。更令人震撼的是，索尼娅将自己的创作从普世的艺术世界中剥离出来，任其发展，并使她的作品以一种如生命般的形式存在着、呼吸着。

　　这种艺术理念的最佳体现，也许就是索尼娅亲自上阵，身着自己设计的色彩鲜明的衣服，在巴黎的布利埃舞厅旋转、跳跃、顾盼生姿。罗伯特称她为"活着的雕塑"，仿佛整个世界都是她的舞台。

　　接着，索尼娅又推出了德劳内品牌：以锯齿、条纹状和鲜艳的颜色为主要特征的主打商品。这对艺术家夫妇并非只是对"同步设计"夸夸其谈、纸上谈兵，而是真的将这一理念体现在了生活和创作中。不久后，索尼娅开设了自己的精品店，生产一次性衣服，皆由手工制作，且都是可穿戴的艺术品。这对夫妇步入了前卫艺术的中心，他们的沙龙也成了令人敬仰的艺术实验圣地。

　　这对夫妇虽然富有，但生活在那个动荡的年代，也只能如浮萍一般随波逐流。1919 年，布尔什维克革命爆发，他们在俄罗斯的私人资助来源被切断；紧接着华尔街崩溃，第二次世界大战爆发，中断了他们的社会保障，但他们并没有因此一蹶不振。事实上，正是在这些黑暗的时刻，德劳内夫妇表现出了超强的适应力。索尼娅是一位精明的企业家，她不断改进的装饰作品成了他们的商业生命线。

　　1941 年，罗伯特去世后，索尼娅精心保存了他一生的作品，保护了他的艺术遗产。这并不是以牺牲自己的事业为代价的，相反索尼娅的事业一直蒸蒸日上。索尼娅仍然非常高效、多产，她的设计让她在法国家喻户晓。1970 年，法国总统乔治·蓬皮杜向美国总统理查德·尼克松赠送了一幅索尼娅的作品，这也证明了索尼亚·德劳内是法国现代艺术伟大的代表人物之一。1964 年，索尼娅成为第一位在卢浮宫举办个展的女性，并获得法国最高荣誉奖——法国荣誉军团勋章。她的设计和画作就像她的生命一样，她一言以蔽之："我活在自己的艺术里。"在罗伯特去世后的 38 年间，索尼娅一直秉持着两人创造的"同步设计"的精神创作着，以明快、欢乐的方式捕捉着世界的美。在索尼娅 94 岁的某个早晨，伴随她一生的画笔突然顿住，倒下了。

李 · 克拉斯纳

&

杰克逊 · 波洛克

1941 ~ 1956 年

　　名声既是一头狡猾的野兽，也是最精巧的放大器：它可以把一个人身上最坏的特征或弱点放大。1949 年，《时代》杂志把杰克逊·波洛克推崇为美国最伟大的在世画家。他的名字一下子响彻了全美。这不仅激发了他的自我意识，也让他感到深深的不安。李·克拉斯纳一直以波洛克的遗孀身份为人所知，后来她又作为 20 世纪最被忽视的美国画家而闻名。这样的名声为她提供了一个平台，但也夸大了她处于丈夫阴影下生活的状态。不幸的是，这两位艺术家都没有从他们的名声中获益，并且都表现出一种强烈的、让生活变得更加苦难的倾向。不仅如此，在他们身上还散发着一种迷人的，混杂着顽固、不安、绝望和自我毁灭的气质。

　　人们总是这样描述这对艺术家夫妇：波洛克是伟大的抽象表现主义天才，尽管他的妻子克拉斯纳经常会有惊人之举，但波洛克的作品一直深深影响着克拉斯纳的艺术创作。这种广为人知的说法认为，克拉斯纳不管在他们的婚姻还是事业中，都是极为次要的角色。然而，当艺术家们在 20 世纪 40 年代于纽约集会时，克拉斯纳已俨然成为一位成熟的艺术家，不仅举办了个展，与艺术界的关系也十分融洽。克拉斯纳对于艺术非常精通，而且采用的表现形式是不善表达的波洛克绝不会采用的。她内心坚韧、直言不讳、性格强烈，这在她所处的前卫艺术圈里是必不可少的特质。

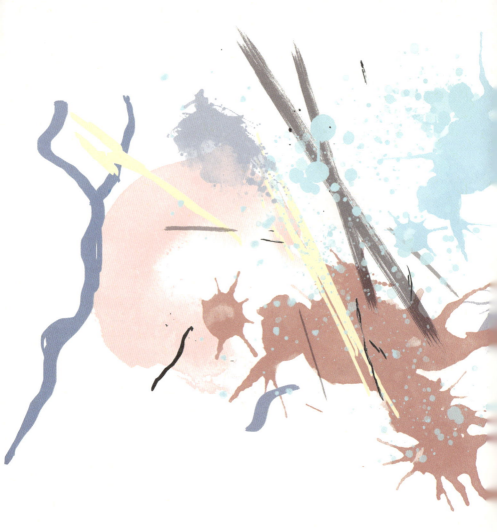

　　波洛克的艺术态度虽然表现得很强硬，但对自己却不太坚定，他总是在作品中寻找着父亲的身影并希求得到父亲的赞扬。虽然波洛克本能地觉得自己想成为一名艺术家，但他心怀挣扎，因为他一直觉得自己没有天分且缺乏自律。与克拉斯纳不同，波洛克不是知识分子，也没有读书的习惯或欣赏生活中更美好事物的情趣。1936 年，波洛克第一次见到了克拉斯纳，那时他已经是一个嗜酒如命的人，事实上，波洛克从 14 岁就开始饮酒了。他们的第一次相遇，也并不如浪漫小说的桥段。波洛克在一次艺术家联盟派对上喝了个烂醉，然后强行与克拉斯纳一起跳舞。其间，他还略带暗示

波洛克以"行动绘画"的方式彻底改造了绘画。

地在克拉斯纳的大腿上乱蹭，凑在她耳边低语。克拉斯纳给了波洛克一个巴掌，不过后来她的态度好像又软了下来。至于那次以后他们是否一起回了家，说法各异。尽管波洛克常常行为不端，但他身上仍有一种让人放弃抵抗的魅力。而且，克拉斯纳也不是壁花（舞会中没有舞伴只能坐着看别人跳舞的人）；她是一个坚强的年轻女子，根本没空软弱。

那晚之后，一直到1941年11月他们才再次见面。当时他们和美国屈指可数的艺术精英，以及几位现代艺术巨匠，如亨利·马蒂斯等一起参加了展览。克拉斯纳如雏鸟一般很好地融入了纽约艺术界，而且她是唯一一位被选中参展的女性艺术家，当时她并没有在展览的宣传页上认出波洛克的名字，她还一度为此四处打听。当她发现波洛克的住所离她的工作室不远时，便决定登门拜访。这显然就是坠入爱河，"我被他深深地吸引，无论是身体还是精神，我都无可救药地爱上了他。当我遇到他时，我就确信他一定有很重要的东西想要表达"。

尽管当时的波洛克名声不佳，但克拉斯纳的这种迷恋不知所起，一往而深。波洛克酗酒的习惯和不稳定的行为让人非常忧虑，于是他被送往了精神病院。在克拉斯纳轻敲门扉的六个月前，医生认为波洛克"聪明过人，但不擅于表达，情绪不稳定，很难建立或维持任何一种亲密关系"。克拉斯纳也不知道自己为何对他情有独钟。

1945 年，第二次世界大战终于结束，他们怀着洋溢的热情步入婚姻。两人搬到了长岛的乡村地区，在那里作画 11 年。虽然克拉斯纳是波洛克的绝对支持者，但克拉斯纳在波洛克绘画时却一直与他保持着距离："我们分享的是卧室，但不是工作室。我们严格地遵守着仅在受到邀请时，才能进入彼此工作室的规矩。"他们终于有了一种搬离城市后能够平息心境进行创作的感觉，他们都很享受这种状态。1946 年是波洛克生命中最幸福的一年，此后他终于戒酒三年。1947 年，波洛克以"行动绘画"（action paintings）的方式，将家用油漆滴到或倒在固定于地面的画布上。这是一种灵光一现的想法，不管是他本人还是整个纽约艺术圈都前所未见。

1951 年，虽然波洛克的职业生涯达到了高峰，但他的生活却已失控。他的名气太大且成名过快，随着奉承而来的是铺天盖地的批评。波洛克的心理并不健全：表面上咄咄逼人，内心极为敏感脆弱。1956 年的夏天，波洛克开始与年轻的艺术系学生露丝·克里格曼交往。波洛克没有试图掩饰情人的存在，反而带着她在各个社交场合出现。克拉斯纳虽然从未幻想过波洛克会是一位忠实的模范丈夫，但这种公然出轨的行为实在太过分了。于是她离开了欧洲，拒绝承受这种屈辱。波洛克则想要毁灭自己：他的行为导致他最坚定的支持者远走他乡，自己的艺术工作也开始停滞不前——已经一年多没有作画了。8 月 11 日晚，在距离他家不到两公里的地方，醉酒的波洛克驾驶的汽车失控，当时车上还有克里格曼和她的朋友伊迪丝·梅茨格。一场不幸的灾难从天而降，在这场车祸中，只有克里格曼幸免于难。

波洛克死后，人们盖棺定论，认为他是一个悲剧性的天才，还一心想要摧毁自己。几年后，克拉斯纳发现自己陷入了商业狂潮中，波洛克的故事被戏剧性地流传开来，其艺术作品的价格也水涨船高。不过，克拉斯纳拒绝大赚快钱，相反，她慎之又慎地管理着波洛克的遗产。她把已故丈夫的作品收集归档，并将他的许多作品送入了博物馆珍藏。

　　克拉斯纳心知肚明，这种工作是要以牺牲自己的职业生涯为代价的：如果她没有如此悉心地照料波洛克的后事，就不会那么容易被贴上"波洛克的遗孀"这个标签。

　　在与波洛克结婚后，克拉斯纳艺术家的身份似乎被关注得很少，但她并不是唯一一个被波洛克的阴影所遮蔽的人。许多抽象表现主义艺术家都把波洛克视为强力的竞争对手，威廉·德·库宁就是最典型的代表。波洛克去世三年后，克拉斯纳开始创作一些新的作品，这些作品让很多人改变了对她的看法，重新审视了她的艺术价值。在目睹了丈夫的如日中天和灾难性的结局后，克拉斯纳不再热衷于靠近艺术界，而是冷静地与艺术界保持着距离。尽管自20世纪60年代以来，克拉斯纳就一直被健康问题所困扰，但直至70多岁时仍笔耕不辍。1983年，克拉斯纳亲眼见证了博物馆对她的艺术作品进行的巡回展览。由于女权运动的兴起，人们对她的艺术生涯重新燃起了兴趣。但时至今日，批评者仍在讨论她的作品与波洛克之间的关系，无论好坏，他们的夫妻生活都是密不可分的，他们的艺术也是如此。克拉斯纳从来没有扮演过受害者：她喜欢波洛克，在那个让他成为艺术偶像的喧闹世界里，她是波洛克最真实、最忠实的粉丝。在克拉斯纳去世前不久，人们问及波洛克给她留下的阴影，她说："我不觉得自己牺牲了什么，如果一切重来，我仍然会做出同样的选择。"

芭芭拉 · 赫普沃斯

&

本 · 尼克尔森

1931 ~ 1951 年

芭芭拉·赫普沃斯和本·尼克尔森是英国现代主义艺术的典范。两位艺术家都曾为现代主义的殿堂增砖添瓦，并用他们的生命在追求着美和真理。无论世界大战、生下三胞胎，还是个人遭遇不幸，艺术在他们的生活中都是第一位的。他们彼此吸引的主要原因，是对抽象艺术的矢志不渝。20 世纪 30 年代早期，赫普沃斯和尼克尔森是推动现代主义国际化的核心力量。在具象艺术统治艺术世界长达百年之后，现代主义不仅是一种绘画和雕塑的形式，它也为艺术提供了新的可能性。在欧洲，经历过第一次世界大战的恐怖之后，抽象艺术成为某种医治旧世界秩序的解药，是希望和乐观的象征。随着民族主义在 20 世纪 30 年代早期的崛起，艺术家们一同携手，致力于创造出尼克尔森所说的"强大、没有限制且具有通用性的语言"。这种语言将超越国界，并将不同的群体团结起来。

赫普沃斯和尼克尔森对待工作就像是虔诚的宗教皈依者一样，他们看着彼此，就像看着镜子。他们都坚信事物的本质和独特性，拒绝任何外在美化或装饰等不必要的东西。他们想要探索那些不朽的、精神的和持久的东西。在寻找某种内在美的过程中，他们对未经污染的、无意识的原始艺术，或儿童创造的艺术作品特别感兴趣。他们也没有仅凭空想象就下笔作画或开始雕刻。在遇到彼此之前，这些复杂的想法被锁在了赫普沃斯和尼克尔森的脑中；而当遇到那个志趣相投的人时，这把捆缚已久的枷

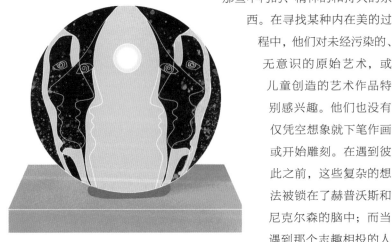

尼克尔森以一种简化的方式反复描绘着赫普沃斯的形象；赫普沃斯则用空心的形状在雕塑上留下孔洞。

锁瞬间被打开了。他们对自己的工作有着同样热切的态度。赫普沃斯曾这样描述："我心中开始对雕塑有一种不可名状的、不可抗拒的紧迫感。"尼克尔森也用同样激情的语言说道："我开始怀着一种心醉神迷的沉溺感去创作。"

1931年年末，他们在英国诺福克郡度假时遇到了彼此。那种吸引力如此强烈，强烈到他们无法抗拒。尽管那时他们都已成婚，与配偶和孩子一同生活。为了能在一起，他们不得不牺牲稳定的家庭。在尼克尔森回到伦敦的那一天，他写下了给赫普沃斯的第一封情书。而赫普沃斯在回信中也坦承，自己坠入了爱河，无时无刻不在思念他。赫普沃斯的婚姻并不幸福，她的丈夫约翰·斯凯平被妻子的艺术观点和对艺术的执着吓倒。在他的自传中，他承认自己与聪慧的妻子之间有着极大的不同："芭芭拉很不性感，而我正好相反。"这对夫妻以相对简单的方式劳燕分飞。但尼克尔森却没那么顺利，他的妻子温妮弗雷德在他离开家庭数年后，仍然拒绝和他办理离婚手续。两人保持着友好的关系，温妮弗雷德仍然以孩子母亲和艺术伙伴的身份，出现在尼克尔森的生活中。

尽管他们为了在一起引出了诸多事端，但赫普沃斯和尼克尔森在彼此身上找到了一种坚定的同类感，这种感觉进一步释放了他们对艺术的炙热情感。1932年3月，尼克尔森搬进了赫普沃斯在英国汉普斯特德的工作室。自此他们踏上了艺术朝圣之旅，一起参观了他们钦佩的欧洲现代主义艺术家的工作室，包括巴勃罗·毕加索、康斯坦丁·布朗库西和乔治·布拉克。在参观汉斯·阿尔普和苏菲·塔博-阿尔普的工作室时，他们不仅找到了现代主义抽象领域的灵感，还发现了一对他们可以效仿的艺术家夫妇。赫普沃斯和尼克尔森在理念上越来越一致，他们也是彼此最好的评论家。在进入汉普斯特德工作室后不久，尼克尔森曾写道："芭芭拉和我是一样的……我们的想法和节奏，我们的生活是如此的契合，我们可以一起生活、思考和工作，连行走、坐卧都一致，我们仿佛是一体的。"他们在第二次世界大战爆发前所创作的作品，已经非常接近两个艺术家的合作成果，不过那时他们并不认识。工作室的环境是萌生合作思想的肥沃土壤，尼克尔森的作品变得更具雕塑感，他在油毡浮雕和绘画中以一种简化的、几乎抽象的方式反复描绘着赫普沃斯的形象；而赫普沃斯则开始进一步减少视觉语言，用空心的形状在雕塑上留下孔洞。受尼克尔森的绘画和色彩理论的启发，赫普沃斯也开始画出雕塑的内部曲线。

　　这对艺术家夫妇在谈论艺术时所使用的语言是经过深思熟虑的，并且在 20 世纪 30 年代都为艺术理论做出了重要的贡献。尼克尔森表示："我想找到用最简单的方式表达最复杂思想的途径"，这与赫普沃斯的观点如出一辙。随着狭隘民族主义情绪的泛滥，整个欧洲的人民流离失所。汉普斯特德成了现代艺术家们的避难所，皮特·蒙德里安、瓦尔特·格罗皮乌斯和瑙姆·加博等都来过此地。1934 年，这对夫妇与加博一起，合办了名为《循环》的杂志，由赫普沃斯亲自操刀设计，尼克尔森负责编辑。那是一个充满活力的时代，赫普沃斯后来回忆道："英格兰似乎欣欣向荣充满朝气，当时的英国是建筑和艺术国际运动的中心。"

　　对于身在汉普斯特德，痴迷于现代主义艺术理念的两位艺术家来说，事情并没有完全按计划进行。在他们和加博共同创办《循环》杂志的那一年，赫普沃斯意外地生下了三胞胎。在尼克尔森终于和温妮弗雷德离婚后，他于 1938 年 11 月与赫普沃斯完婚。一年后，第二次世界大战爆发，这对于希望寻求消除世界隔阂与冲突的他们来说，无疑又是沉重的打击。战争打响的前一周，这对夫妇不情愿地与孩子们和厨师一起离开了伦敦，被疏散到康沃尔郡的圣艾夫斯。

　　在伦敦苦心经营的一切烟消云散，所有的艺术家都离去了。但颇具讽刺意味的是，圣艾夫斯给了这两位艺术家最重要的创意灵感。因为在圣艾夫斯，他们有一种被锁住的感觉，于是开始试图用抽象的形式来描述人类与自然的关系。赫普沃斯还特别创作了与旷野之上的古老大地所产生强烈共鸣的作品。

　　战争结束后，赫普沃斯参与了有关"抽象艺术治愈能力"的对话。她与亨利·摩尔一起将艺术带入了公共场所，以重建英国文化。她在由男人主导的世界中取得了国际性的成功，她的作品于 1950 年在威尼斯双年展的英国馆展出。赫普沃斯精心管理着自己的事业，经营着自己的艺术名声，同时也当之无愧地享受着自己的劳动成果。然而，她的个人生活并不那么幸福。在参加双年展的第二年，尼克尔森离开了她。也许在赫普沃斯的名气和成功开始超越自己的那一刻，尼克尔森的离开就已经开始倒计时。在赫普沃斯的插画自传中，她对这段伤心的经历守口如瓶，只写道："1951 年，经过了 20 年的家庭生活，一切分崩离析。"两年后，赫普沃斯在第一次婚姻中生下的儿子在飞机失事中丧生。对她而言，世界的大门似乎正在缓缓关上。她定期写信给尼克尔森，希冀着几年后他也许会回到自己身边，直到尼克尔森在 1957 年与第三任妻子结婚。20 世纪 50 年代，尼克尔森的作品在博物馆中享有一定的认可度，但面对现代艺术的挑战，他的实践并没能得到更深层次上的进展。

　　赫普沃斯没有变成一个锁在自己世界里的悲惨怨妇，她在工作中仍然保持着强烈的活力。随着女权运动的兴起，她拒绝接受任何女性艺术家的标签，她声明："艺术是没有性别特征的；它从不与人争辩。"尽管健康状况不佳，甚至罹患舌癌（她的治疗方法就是享用威士忌和香烟），赫普沃斯仍然继续创作着她的艺术，直到 1975 年她因吸入烟尘而意外死亡。与尼克尔森不同，离婚后赫普沃斯的作品变得更加自信和强大。赫普沃斯写信给尼克尔森庆祝她新作品的面世："你从来不喜欢傲慢的雕塑或凶悍的表现形式，但我喜欢。"她并没有选择搬到圣艾夫斯，那是战争所迫；她也没有选择孑然一身，是她的丈夫主动离开。然而，这两件事却使得现代主义雕塑中，最具标志性和最成功的作品得以问世。

乔治亚 · 欧姬芙

&

可尔弗雷德 · 斯蒂格利茨

1918 ~ 1946 年

摄影师、作家和美术馆经营者阿尔弗雷德·斯蒂格利茨的宏伟计划取得了巨大的成功，即让他年轻的妻子乔治亚·欧姬芙成为美国最伟大的现代主义女画家。但这也难免会让人将欧姬芙的成就看作是她丈夫努力经营的结果。毕竟，斯蒂格利茨在经济上为欧姬芙提供了帮助，为她成立工作室，举办个人展览，将她推崇到很高的地位，并以弗洛伊德式的文字对她的画作进行了极具智慧的解读。斯蒂格利茨认为欧姬芙的作品性别特征非常明显，是一种强大的女性意识的产物。他还将欧姬芙视为最珍爱的缪斯，拍摄了她 300 多次，包括性感的裸体照片。看着斯蒂格利茨所做的工作和付出的努力，即使有人相信是他塑造了欧姬芙的成就，并亲自传递给世界，也无可厚非。不过在斯蒂格利茨的职业生涯中，难道欧姬芙只不过是一个过客吗？斯蒂格利茨只是因为痴迷于她，才让自己的事业有了更进一步的发展吗？

诚然，欧姬芙确实从斯蒂格利茨的支持中获益良多。如果不是斯蒂格利茨在纽约艺术界的有利地位，欧姬芙在她艺术生涯的早期，是无法得到如此高的关注度的。然而，这个说法忽视了欧姬芙的进取精神。如果欧姬芙是自轻自贱，盲目地妥协和顺从于丈夫，这个说法似乎就显得比较真实了。但事实上，欧姬芙的艺术地位是由她自己努力奋斗而得来的。她拒绝斯蒂格利茨对她作品进行泛性论的解释，"当人们在我的绘画中读到色情符号时，只是想到了自己的风流韵事罢了"。而且她也并不是一个顺从的人，当斯蒂格利茨与其他女人公然出双入对时，欧姬芙仍然选择留在纽约。为了寻找精神家园，她离开纽约前往了新墨西哥州，在那里将自己重塑为独立自主的女性艺术家。她的丈夫着魔似地把她当作模特，但在斯蒂格利茨去世后，欧姬芙对自己的形象仍然有着非常高的自我肯定。90 多岁高龄时她仍在出镜，仿佛是美国西部自然而强大的化身。

乔治亚·欧姬芙是一系列探索性图像的缪斯，这些图像将她的手、脚和脖子几乎抽象地分离开来。而在欧姬芙自己的绘画作品中，她则将鲜花进行了重新解构，以塑造出一种强烈的感官形式。

《对等》（*Equivalents*），阿尔弗雷德·斯蒂格利茨的云朵摄影系列，强调以抽象的形式使图像与他的个人情感相对应。

　　尽管欧姬芙在身体上与自己的丈夫保持着距离，并且拒绝他对自己的绘画进行解读，但两人确实共度了一段深刻而持久的爱恋时光。1915 年两人初见时，欧姬芙是一位 27 岁的教师，对自己的艺术不甚自信，渴望得到斯蒂格利茨的评论。斯蒂格利茨在那时已经是摄影界的关键人物，坚定地认为照片这种媒介也是艺术的一种表达形式。作为作家和极具开拓精神的美术馆经营者，斯蒂格利茨在美国艺术世界的萌芽时期，为艺术做出了持久的贡献。他那时 51 岁，比这位年轻的画家大了将近四分之一个世纪，并且和一位继承了大量遗产的女人过着不开心的婚姻生活。他与欧姬芙的关系进展缓慢，两年的时间仅靠通信相互联系。在此期间，欧姬芙似乎给这个自嘲为"破烂"的老头"随时准备回到垃圾堆，没精神的老垃圾"的生活注入了新鲜活力。相比之下，欧姬芙充满朝气，在信中她热情地描述着得克萨斯州的风景以及她的作品和自己的艺术可能性。

　　出于对这位"伟大的小女孩"的迷恋，斯蒂格利茨从 30 年死气沉沉的婚姻中逃离出来，离开了他的妻子。斯蒂格利茨于 1918 年出资为欧姬芙安置了纽约的工作室，并发下宏愿，要让她成为美国现代主义的先驱。在这段关系中，斯蒂格利茨似乎还扮演着一些父亲的角色，所以在读到他在信中所描写的，他们第一次做爱时的场景，不免会让人有些不舒服。

　　也许有什么不为人知的原因，让斯蒂格利茨一直维持着自己的公众形象，以及对欧姬芙作品的欣赏，但反过来欧姬芙也是他生命中的重要支撑。斯蒂格利茨在公共场合总会透露出一种非凡的魅力，在私下却略带神经质，十分没有安全感。他们于 1924 年举行婚礼，对两人来说，这都是弥足珍贵的记忆。尽管后来有些不愉快且两地分居，但他们从未离婚。

　　斯蒂格利茨是一位受人尊敬的策展人，他将欧姬芙的作品和许多成名已久的艺术家的作品一起在各地展出。这对夫妇很快便成了众所周知的公众人物。从 1917 年起，宣传妻子的艺术作品成了斯蒂格利茨长期的工作重点。作为他的缪斯，欧姬芙使斯蒂格利茨的摄影重新焕发了生机：她是一系列探索性摄影图片的灵感来源，这些图像将她的手、脚和脖子几乎抽象地分离开来。可悲的是，虽然斯蒂格利茨的相机十分专注于他的妻子，但在感情方面，他却不太专一。

20 世纪 20 年代末期，欧姬芙发现了斯蒂格利茨的出轨行为，出轨对象是斯蒂格利茨的一位年轻的画廊助理。于是，欧姬芙转身去了新墨西哥州，和一位波希米亚朋友一起消磨时光。她厌倦了纽约这个城市，况且她的婚姻也并不美满。其中很重要的一点是，斯蒂格利茨不想要孩子，这让她觉得在朋友面前抬不起头，对公婆也觉得十分愧疚。在西部独特的地形中，欧姬芙真正找到了身为艺术家的自我。正是在那里，她与自然世界紧密地联系在一起，绘制了数不胜数的花卉特写、近乎抽象的风景和动物头骨，她的作品总给人一种仪式感和神圣感。西部雄伟的地形在欧姬芙的笔触中渐渐显现，她的画作就是周围自然世界的化身。就像她的丈夫用镜头反复留下她身体的影像一样，她一遍又一遍地画着同一座山。对此欧姬芙诗意地解释道："上帝告诉我，如果我画得够多，我就能够拥有它。"

欧姬芙在西部住了五个月后，斯蒂格利茨感觉自己已经失去了她，在某种程度上她已经属于壮丽的美国西部了。他写道："我崩溃了。"不过欧姬芙也会经常回去，通常是在西部创作六个月左右，再回到纽约展出她的作品。1940 年，欧姬芙在新墨西哥州购买了自己的房产，这栋房子成了她生命中最后 37 年的主要居所。尽管聚少离多，斯蒂格利茨仍然是她坚定的拥护者和尽心尽力的丈夫。他们以笔友的方式维持着爱情。当斯蒂格利茨于 1946 年去世时，他想让欧姬芙的画作人尽皆知的宏愿已经实现，对此他十分满足。事实上，就在前一年，欧姬芙成了第一位在纽约现代艺术博物馆举办完整回顾展的女性艺术家。在丈夫葬礼前的一晚，欧姬芙亲手用干净的白色亚麻布装饰了他的棺材。斯蒂格利茨的身体安静地沉睡着，仿佛与欧姬芙晚期画作的中性无纹理背景融为一体。丈夫离世时，欧姬芙只有 59 岁，但她毅然地选择了独自生活。与现在被称为"欧姬芙国度"的土地长相厮守直到去世，享年 98 岁。20 世纪 60 年代，欧姬芙已成为美国最著名、最受喜爱的在世艺术家。她于 1968 年登上《生活》杂志的封面，受欢迎程度可见一斑。她获得了美国女艺术家前所未有的荣耀，并且大部分作品与斯蒂格利茨无甚关联。

　　这两位艺术家都非常多产，整个职业生涯成绩斐然，离世后留下了巨量的艺术遗产。告别这个世界时他们都心知肚明，自己会成为后世许多人的灵感来源。欧姬芙晚年一直离群索居，对那些想要一睹她真容的不速之客感到十分厌烦。有关她与丈夫往来的 5000 余封书信，欧姬芙做了一个狡黠的决定——并没有将其付之一炬，而是把它们捐赠给了耶鲁大学的贝内克珍本手稿图书馆，但只能在她去世 20 年后才能向公众开放。欧姬芙知道，对后人来说，能够对他们的婚姻生活一窥究竟实在太有吸引力了。也许在某种程度上，她也很乐意看到自己人生的第一手资料为公众所知。如果自己独立奋斗一生的艺术生涯，被坊间的流言变成了有损其形象的攀龙附凤，那么这些记录就足以为她正名：她不是皮格马利翁的加拉泰亚，不是斯蒂格利茨塑造的产物。（译者注：皮格马利翁是希腊神话中的塞浦路斯国王，善雕刻。他用全部的精力和热情制作了一尊雕像，像对待妻子那样抚爱她、装扮她，为她起名为加拉泰亚。同时，他还向神乞求让加拉泰亚成为自己的妻子。爱神阿芙洛狄忒被他的深情所打动，赐予雕像以生命，并让他们结为夫妻。后常被引申为一个人的期待会对生活和他人造成巨大的影响。）

李 · 米勒

&

曼 · 雷

1929 ～ 1932 年

李·米勒的美让人过目不忘，她受过良好的教育，极具创造才能，并且性格坚韧、独立自主。然而，这些天赋也是她生命中的苦难，既令人着迷又结局悲惨。米勒是超现实主义艺术家曼·雷的学徒、缪斯、情人和合作者，她难以企及的美令曼·雷神魂颠倒。然而她拒绝与曼·雷结婚，尽管曼·雷非常想要驯服她，将她完全占有。米勒对艺术创作热情高涨且富有成效，几年后，她便成了曼·雷心中极具威胁的艺术对手。她不是那种愿意生活在别人阴影下的女人，因此她毅然离开了妒火中烧的曼·雷。为了缓解心中的痛苦和怒火，曼·雷这位伟大的超现实主义艺术家创作了一批被人质疑的艺术作品。

无论是在巴黎的蒙帕纳斯区与曼·雷一起生活之前或是离开之后，米勒的生活过得都很不寻常。她还被出版业巨头康泰·纳仕发掘，成了一名模特。米勒是一位很酷的金发女郎，特征十分明显，眼中饱含热情，长相无可挑剔，可以说她就是那个时代的精神写照。米勒自孩提时代起就是摄影师父亲的模特，但是年轻轻轻的她便开始拍摄裸体照片，会令人多少有些不安，特别是考虑到她在 1914 年还是小女孩的时候，曾惨遭强奸的经历。

米勒的美反而是她生活坎坷不断的诱因，那些男人总是试图占有并控制她，将她视为美丽的物体、令人垂涎的玩物。但至少从外表来看，米勒似乎总是魅力无限、完美无瑕，多次出现在《时尚》杂志的封面上。1929 年，当米勒离开纽约去巴黎时，年仅 22 岁的她已经是一位著名的时尚偶像和名媛。她的两个情人甚至要靠丢硬币，才能决定谁能得到见她的殊荣；当船划开水波起航时，丢硬币的失败者架着飞机驶向甲板，降下了一场玫瑰花雨为她送行。那些在巴黎遇见她的人，也不约而同地有了同样奢侈的奉献精神：让·谷克多请她出演电影；就连巴勃罗·毕加索这样的艺术巨匠，也为这位动人心魄的美人画了至少六幅肖像。

　　然而，米勒却不是那种脑袋空空、徒有美丽只会迎合男人的花瓶。事实上，与曼·雷的相遇就是她精心策划的结果。米勒决心向曼·雷学艺，于是就在曼·雷最喜欢的酒吧守株待兔，酒吧位于曼·雷声名远播的蒙帕纳斯工作室附近。米勒本人讲述这个故事的时候极为精彩："我说：'我叫李·米勒，我是你的新学徒。'曼·雷说：'我不收学徒。'第二天曼·雷要去比亚里茨，我说：'我也要去。'然后我就头也不回地跟他去了！"就这样，米勒和曼·雷一起踏上了旅途。在回巴黎的路上，米勒写信告诉

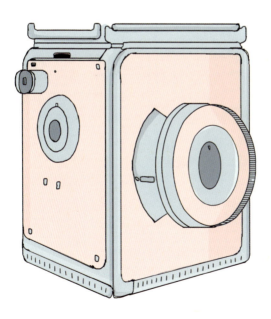

父亲，她马上要成为一名摄影师学徒了。对于曼·雷来说，米勒简直是永无止境的灵感来源。两位来自纽约的外乡人共同前往巴黎，以一种更为狂野的方式开始生活。

米勒一开始是曼·雷的缪斯，但在她崇拜的摄影师的指导下，很快就找到了自己实践的道路。曼·雷为米勒购买了她人生的第一台相机。米勒17岁时，曼·雷一直扮演着她父亲的角色，然而两人似乎是命中注定的合作伙伴。事实上，正是米勒在暗室中为曼·雷的摄影技术带来了突破。当时米勒感觉脚上似乎有一只老鼠，于是急忙打开灯，这无意间的举动促成了曼·雷的标志性技术——中途曝光。突然出现的光线，在物体周围产生了一圈超现实主义的黑暗光环。这种照片上呈现出的银色古老质感，成了摄影史上的一个重要发现，孕育了新技术的诞生，为照片成为一种艺术媒介做出了贡献。这种新颖的创造性工作，让米勒前进的步伐加快了。米勒不再是曼·雷的学徒，而是曼·雷的合作者。

1931年，两人的关系开始变得紧张起来。米勒享受着如彗星一般崛起的名望，以及无数人毫不掩饰的崇拜，这是曼·雷所无法忍受的。最终，这位超现实主义艺术家开始为社会自由主义辩护，但实际上，他只是想维护专属于男性的各种特权而已。曼·雷写信给米勒，要求："不管结婚与否，你都必须像我的妻子一样，与我生活。"他们异乎寻常的火热爱情，突然被一种毫无意义的东西遏制了。就像米勒精心挑选、冲洗、展示的照片被突兀地废弃一样。从此，米勒的艺术独立性一发不可收拾，被吓到的曼·雷带着嫉妒的怒火把她赶了出去。米勒自然站上了道德的制高点，但她并没有批判诉苦，只是买了一张去纽约的单程机票。曼·雷是巴黎前卫艺术圈中杰出的一员，但功成名就并没有抹掉他的痛苦，于是他把这种纠结之痛投射在作品中向公众展示。这件自我放纵的作品，是一张带有手枪、绞索和毒药的自画像。

最终，米勒成了 20 世纪最勇敢、最杰出的战地摄影师。她是唯一一位获准以独立摄影记者身份，游遍整个欧洲的女性。众所周知，她闯入了希特勒自杀那天所在的公寓，不仅拍到这个暴君的家庭场景，还在希特勒的床上和浴缸中留下了自己的影像。她深入战场的最深处，甚至闯到了像达豪集中营那样的人间炼狱，以极为独特的摄影手法，留下珍贵的照片。她拒绝以隔岸观火般的距离摄影，她的作品展现了令人难以置信的恐怖场景背后所透露的人性。

米勒与英国超现实主义艺术家罗兰·彭罗斯结婚生子后，封存了自己所有的照片，再未谈及以前的生活。然而，米勒没能顺利从一个野性独立的美人，转变为一位安稳祥和的母亲。在邪恶战争的阴影下，她一直饱受折磨，成了一个郁郁寡欢的酒鬼。直到她去世后，她的儿子才发现被她尘封已久的文档，了解到母亲竟有这样一段不为人知的辉煌过往。

虽然米勒从来没有如曼·雷要求的那样，抹去自己的独立和艺术成就，但她确实与曼·雷和解了。他们在整个战争期间都保持着联系，曼·雷一直给她送礼物、写信，鼓励她从低落的情绪中走出来。这对曾经的爱侣于1975 年，曼·雷在英国伦敦当代艺术中心办展时重聚了。重逢后，米勒每天都会去曼·雷下榻的酒店，和他一起坐在床上，任谁看都像是一对幸福的老夫妻，然而他们没有正式破镜重圆。曼·雷于一年后与世长辞，但他们终于找到了年轻时苦寻而不得的安宁。

马克斯·恩斯特

&

多萝西娅·坦宁

1946 ~ 1976 年

　　马克斯·恩斯特和多萝西娅·坦宁都有着颠沛流离和管教严格的童年，同时他们也都是自学成才的超现实主义艺术家。1942 年，当恩斯特和坦宁第一次在坦宁的工作室见面时，他们对彼此的过往和艺术，有了不为旁人所知的深入了解。此后他们的感情如燎原之火，一发不可收拾。三周后，恩斯特就离开了自己的妻子，带着他收集的勺子，搬进了坦宁的公寓。恩斯特的妻子绝非泛泛之辈，她是美国伟大的艺术赞助人、艺术品收藏家和经销商佩吉·古根海姆，20 世纪上半叶欧洲和美国艺术界最具影响力同时也最特别的人物。

　　古根海姆是恩斯特至关重要的支持者，她将恩斯特带入了纽约艺术圈。古根海姆后来这么回忆和他的婚姻："我不喜欢和敌对国的公民一起生活在罪恶中。"1941 年，当恩斯特到达纽约时，他已经是一位成熟的前卫艺术家。他的两幅作品被纳入 1937 年的"纳粹堕落艺术展"，不过至此之后，这两幅作品再也没有重现于世。恩斯特以士兵的身份参加了第一次世界大战，在经历了与西方社会及其价值观渐行渐远的恐怖之后，恩斯特成了迷惘一代的一员。他表示拒绝与淫乱的性行为同流合污，并参与了愤世嫉俗、否定一切的"反艺术"运动——达达主义运动。他在 1917 年于科隆举办的展览中，邀请观者用他提供的斧头将自己的雕塑砸了个稀巴烂，颠覆了资产阶级对艺术的观感。

　　1922 年，恩斯特搬到巴黎，从达达主义者成长为超现实主义艺术家。恩斯特拜读了西格蒙德·弗洛伊德开创性的精神分析理论，成了第一批挖掘自我潜意识，并将其作为创作主题的艺术家。当希特勒于 1933 年上台时，恩斯特迅速脱颖而出。这些颠覆性的艺术家让元首大为震惊，因为他们的作品没有美化国家，反而以精神疾病或淫秽之事作为主题。"盖世太保"曾三次将恩斯特拘禁在战俘营中，偶然逃脱之后，恩斯特深深觉得自由的日子屈指可数了。幸好古根海姆那时已经是他的赞助人和爱人，她为恩斯特和其他一些前卫艺术家提供了一条通往纽约的安全通道，帮助他们逃离巴黎。

1938 年，坦宁下定决心要去拜访恩斯特和那些她极为欣赏的艺术家。她远离伊利诺伊州的沉闷童年和总爱幻想的父母，向着欧洲和她所向往的波希米亚主义狂奔。在回忆录中，坦宁说自己出生在一场暴风雨中，这不禁为她的传奇经历增添了神秘色彩。坦宁五岁时，被推上舞台吟唱诗歌。为了让在演艺道路上失败的母亲高兴，早熟的坦宁甚至学会了假哭。她似乎总是充满活力，15 岁时，坦宁用原始的超现实主义风格创作了一幅画，主题是以叶子为头发的裸体女人，这幅作品让她的父母大吃一惊。坦宁在芝加哥凭着有趣的演出声名鹊起，继而借着名气去了纽约。她声称在芝加哥曾与一位黑帮成员约会，晚餐吃到一半对方就被人杀了。她还在芝加哥世界博览会上，以木偶大师的身份献上了演出。1936 年，坦宁在纽约参观了现代艺术博物馆的超现实主义展览。对于坦宁而言，这是一个突破性的时刻，不仅因为这种艺术形式是一种全新的视角，更因为她找到了志同道合的人。"我当时想：天呐！我可以一直向前，继续做我一直在做的事了。"

两年后，坦宁带着恩斯特、毕加索和凯斯·凡·东根的推荐信去了巴黎。然而，这次旅行毫无结果。因为当时的巴黎在毁灭性的战火下已经满目疮痍，坦宁所寻找的前卫艺术家们早已四散奔逃。1942 年，坦宁终于在纽约找到了波希米亚主义。朱莉恩·利维是超现实主义美术馆的经营者，正是他首次展出了弗里达·卡罗的作品。他看到了坦宁的才华，带着坦宁参加派对，并把她介绍给大家。在这个派对上，坦宁遇到了去巴黎寻而不得的艺术家们，此刻他们都重聚在了纽约。有意思的是，恩斯特也在其中。然而，正是恩斯特的妻子、艺术品经销商古根海姆，介绍恩斯特去参观了坦宁的工作室。古根海姆当时正致力于策划一个开创性的女性艺术家作品展——"30 位女性艺术家大展"，这是一场具有里程碑意义的展览。如今人们对其第二个名字更为熟悉，即"31 位女性艺术家大展"，坦宁就是第 31 位女性艺术家。恩斯特在拜访坦宁那极富艺术魅力的工作室后十分激动，他说服古根海姆一定要让她参加展览。后来，古根海姆才意识到这次简单的人数增添，居然导致了她婚姻的结束。她冷淡地说："当初我应该只请 30 个。"

坦宁在观赏了现代艺术博物馆的那场展览后，便与超现实主义运动结

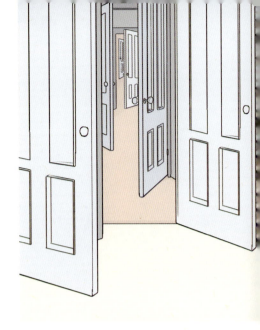

下了不解之缘，但直到1944年，她才作为超现实主义艺术家，在朱莉恩·利维的画廊举办首次个展。展览相当成功，不过坦宁和恩斯特并没有继续在纽约以"艺术夫妻"的名号占据超现实主义舞台的中心。亚利桑那州的沙漠小镇塞多纳仿佛在召唤着坦宁和恩斯特。对他们来说，这种遥远孤寂的风景地貌，不需要以超现实主义的方式呈现，因为那怪异、永恒的外表已经是超现实的了。他们着迷于这片荒野未知的土地，也着迷于彼此。

作品《生日》体现了坦宁对门的迷恋，奇异的平面、光影和带有紧迫感的开闭，吸引着她的关注。

　　恩斯特在遇到坦宁之前，曾有过三段婚姻。尽管恩斯特和坦宁有着深厚的感情，但他们都认为婚姻制度并不值得尊重。1946年，恩斯特和坦宁与同为艺术家的曼·雷及其妻子朱丽叶·布朗纳一起，举办了一场不太常见的联合婚礼。坦宁后来将婚礼描述为"轻松，易忘但有趣"，并说："如果你结了婚，你就会被贴上标签。恩斯特和我，我们可以继续没有标签的生活。我从来没听过他用'妻子'这个词来称呼我，他对这种称谓很不在意。"显然，恩斯特和坦宁都知道如果坦宁被贴上了"著名艺术家的妻子"这个标签，那么无论坦宁多有名，都会对她造成不利的影响。

　　坦宁比恩斯特多活了36年，后来她成了自称的"世界上最老的新兴诗人"。她在101岁离世之前，从超现实主义中走出来，创造了部分具象又柔和的雕塑作品，为路易丝·布尔乔亚和萨拉·卢卡斯等艺术家带去了灵感。对于女权主义者来说，坦宁就是一个伟大的焦点人物。在坦宁80岁的时候，她仍然拥有这样的开拓精神："我希望你们不要老提'女人'这个词。这个世界上没有所谓的'女性艺术家'这种东西——或这种人，它与'男性艺术家'或'大象艺术家'之类的称呼一样具有矛盾性。你可以是一个女人，也可以是一个艺术家；前者是天定的，后者是自己争取的。"

贾斯培·琼斯

&

罗伯特·劳森伯格

1946 ~ 1976 年

如果你在 1953 年踏入纽约雪松酒馆，就会看到各式各样的威士忌、物美价廉的香烟以及美国伟大的画家们。尽管艺术家们存在竞争、互相鞭策甚至偶尔还会发生肢体冲突，但他们齐聚一堂，就像一所艺术学校，即使这所学校未曾申报也没有官方支持。劳森伯格说自己在这群人中算年轻人，在那里他经常会听到不同艺术家们的理论，如罗斯科、巴尼·纽曼、弗朗兹·克莱恩、比尔·德·库宁和偶尔出现的波洛克。

这些艺术先驱们用抽象表现主义点亮了纽约，这令劳森伯格无比欣赏和认可，但他觉得自己必须转身离开，逃离近代艺术史的重压并开辟新的道路。这种少年意气的想法，并没有获得成功。劳森伯格在斯特布尔美术馆的雕塑展遭到了人们的嘲笑和奚落，他因此感到沮丧不安，创作的热情也十分受挫。此时，为他指明前进方向的人，并不是雪松酒馆的艺术先驱，而是一个瘦骨嶙峋的无名之辈——贾斯珀·琼斯。当时，琼斯刚结束服役，在纽约经销书籍，生意做得还不错。劳森伯格与琼斯迅速坠入爱河，并共同进入了艺术创作的高潮时期，爱情成了他们寻找艺术光芒的催化剂。

在一个充满大男子气概和男性激素的艺术氛围中，劳森伯格和琼斯退回到一个充满诗意的贫穷世界，他们住在富尔顿街附近破败的公寓里。这栋房子很适合劳森伯格，他就像是附近港口劲头十足的拾荒者，不断捡拾各种灵感，并将其一一融入作品中。劳森伯格不只是在拒绝接受之前的艺术运动，更是在拒绝社会的期望和裹挟。1950 年，劳森伯格与艺术家苏珊·维伊完婚，育有一子，并在上西区过着安稳的生活。然而后来他离开妻儿，前往意大利和非洲，与塞·托姆布雷一起作画，两人成了艺术道路上的同伴和生活中的爱人。劳森伯格的性取向不定，他以自我为中心，并不惜牺牲一切挖掘自己的艺术创造力。

琼斯则并非无情之人。与热爱社交、十分健谈的劳森伯格相比，琼斯比较内向，喜欢沉思，只静观而不上前。劳森伯格的艺术积淀较为深厚：他曾就读于巴黎艺术学院，后又在北卡罗来纳州跟随包豪斯运动的创始人约瑟夫·亚伯斯学习；琼斯才思敏捷，精通哲学和文学，这为他增色不少。劳森伯格鼓励琼斯要坚持作画，而琼斯则努力为爱人提供稳固的生活基础。

对于住在富尔顿街的这两位艺术家来说，每天的特权就是可以无拘无束地创作。在这成果如井喷般的六年里，他们摆脱了贫困，无视世人针对他们敏感关系的关注，创作了最具开创性和代表性的作品。

1954 年，两人相爱后不久，劳森伯格便创造了被称为"结合"的艺术手法。他在大型作品中借用抽象表现主义的绘画语言，将剪报、照片、织物和其他人的素描或画作糅合进自己的作品中，营造出一种高度纹理化和十分明显的立体感。一方面，劳森伯格将日常用品的碎片作为创作素材，以此来嘲讽抽象表现主义画家努力寻求超越的，所谓上帝般的地位。另一方面，这些作品都具有深刻的个性、象征性和隐晦性，并且充满了难以捉摸和热切的含义。1955 年，劳森伯格创作了《无题》（*Untitled*，1955 年），将涂改过的琼斯的来信、前任情人托姆布雷的画、剪下来的报纸、儿子的信件和美国国旗一起融入作品中，令人耳目一新。

在琼斯的作品中，也有美国国旗的元素，其运用是如此成功而坚定。或许，艺术史上再也没有人能像琼斯那样，对一个充满政治意味的象征符号做出如此艺术化的处理。他在后续的作品中使用该主题约 40 次，如此痴迷于改造同一主题，也是他书生气的体现。如果人们反复地大声读写一个单词，这个词就会失去原本的意义，变成符号，琼斯作品中的国旗也是如此。琼斯 1958 年的作品，乍看之下，很有可能会被误认为是一面真正的美国国旗，仔细审视后会发现，虽然国旗的比例是正确的，但其实是艺术家近乎痴癫地用颜料反复涂抹出来的。设想一下，要反复涂抹到什么程度，这面旗帜才不再是美国的象征呢？

　　琼斯的作品令人着迷，带着尖锐的力量，他勾勒出带有神秘感的图像标志，既返璞归真又锦上添花，既有绘画也有拼贴的手法。里奥·卡斯蒂里是当时世界上最成功的艺术品经销商，当他看到这件雪藏于琼斯破烂公寓的作品时，决定为他举办一场个展。据说，当时是劳森伯格以借冰块喝酒的名义，带着这位艺术大亨去了琼斯的房间，慷慨地将他的情人、不为人知的天才艺术家介绍给卡斯蒂里，但劳森伯格没想到这件事竟成了他们分手的导火索。

　　劳森伯格精心策划的画展渐渐被人遗忘，但琼斯将符号（旗帜和勋章）转化为抽象概念的做法，却获得了公众的关注，继而功成名就。琼斯在首次个展中展出的作品迅速售罄，现代艺术博物馆也收录了他的画作。自此，琼斯从一个名不见经传的书商，摇身变为艺术界一颗冉冉升起的新星。而他们的关系——曾经如此私密和健康的艺术友情，并没有在聚光灯下幸存下来，嫉妒带来的紧张局势浮出水面。20 世纪 60 年代初，他们分道扬镳，那时的他们并不知道，劳森伯格最终也会找到他所渴望的荣誉，他们的作品都将成为艺术机构永久保存的藏品。

　　两人极少对这段关系发表评论，但劳森伯格曾有一次心酸地说："我从来没有害怕过，无论是对琼斯与我的亲密关系，还是我们同为艺术家的合作关系。在彼此都是对方生活中最重要的人的那些日子里，我们之间没有任何不忠或冲突。"劳森伯格也接受了两人由于"同为名人的尴尬"而分手的现实……曾经的敏感细腻和温柔缱绻，成了人们八卦的谈资。两个知名艺术新星极为亲密的关系，对于艺术界来说有点新鲜。

　　尽管他们在分手后多年都没有说话，但两人也没有刻意远离对方的生活轨道，他们之间的故事只是纽约这个大都市里小小的浪花。在这个城市里，随着时间流逝而破碎的爱情、怒气满满的争执，乃至无法呼吸的深切恨意，都是那么司空见惯。他们可能一直保持着沉默，但彼此都无法忘记对方给自己的艺术创作所带来的深刻影响。在富尔顿街的那些年里，他们身处共同想象的乐园：那是一片创作的沃土，他们从中汲取养分，成长为日后注定要成为的人。

伊莱恩·德·库宁

&

威廉·德·库宁

1938 ~ 1989 年

伊莱恩和威廉·德·库宁的生活可谓伤痕累累。年轻时他们怀揣梦想，来到纽约这个艺术之地，却因为家庭关系而遍体鳞伤。他们都努力寻找着自己的艺术之声，反对流行的抽象趋势，着迷于人类形象的可能性。他们一起努力应对一贫如洗的生活，与酗酒的恶习抗争，还要时常忍受对方的不忠。然而，面对与自我的撕裂、与艺术界的对立和彼此之间的争吵，他们留下了彪炳时代的作品和极为丰富的艺术遗产，并且从未离婚。尽管情绪上有些复杂，有时还会引发一些问题让身边的人感到不愉快，但德·库宁夫妇从未放开彼此的手。

德·库宁夫妇之间的关系从未风平浪静，因为他们几乎在所有方面都是对立的，唯一例外就是他们都致力于把自己奉献给伟大的艺术。伊莱恩身材修长，面容姣好，一头红发亮盈丰润。威廉身材健壮但身高有些美中不足，是一个外形粗犷的荷兰人。威廉很有魅力但略带忧郁，谈到自己的作品时，言语中充满热切和自我痴迷。伊莱恩热衷于社交，精神奕奕且微带妩媚，喜欢夹着香烟活跃于各种社交场合。

1904年，威廉出生于鹿特丹，他的姓氏在荷兰语中意为"国王"。1926年，威廉决定去纽约，临行之前，他没有告诉任何人自己即将离去，出发时身上也没有带任何财物。为了实现童年时成为伟大艺术家的雄心壮志，威廉付出了巨大的代价：终其一生都在逃避稳定而无趣的家庭生活。他自小就带着天才之名，12岁时已成为一家著名装饰公司的学徒。威廉后来还参加了艺术课程，这段经历对威廉来说，既是一笔财富也是一种诅咒，因为当时周围的固有观念是艺术只能来源于生活，没有所谓创新也没有捷径。威廉对着一个静物练习了超过600个小时，把自己高超的绘画天赋锤炼到令人心生崇敬的地步。威廉在现实主义上的造诣已经极为深厚，可是这在当时沉浸于前卫艺术，以抽象主义为乐的纽约艺术界，他的天赋反而成了负担。

1918 年，伊莱恩出生于布鲁克林，本名叫伊莱恩·弗莱德，是家中四个孩子中的长女。伊莱恩的母亲性情古怪又缺乏慈爱，但她却用非常坚实的艺术教育弥补了自身的缺陷，她经常会带着这个她最喜欢的女儿去参观大都会艺术博物馆。那时伊莱恩的昵称叫"参孙"，是传说中的大力士，代表着强大的力量。伊莱恩的房间里贴满了伟大艺术家的海报，当她的母亲被强行带离家庭并长期接受精神治疗后，伊莱恩就成了兄弟姐妹们的"妈妈"。借着对绘画的热情，伊莱恩度过了她艰难的童年。

18 岁到纽约接受进一步艺术教育时，伊莱恩对这个世界的态度已然十分坚定。她做好了无论要付出何种代价，都要投身绘画的准备。1938 年，伊莱恩的艺术老师把她介绍给了年长 14 岁的威廉，他们很快便坠入爱河。当威廉回忆起自己是怎样被迷得神魂颠倒，伊莱恩的秀发是多么光盈秀丽时，仍然无比享受和陶醉。伊莱恩后来说她之所以和威廉结婚，是因为有人告诉她，威廉很快就会成为最伟大的艺术家。

伊莱恩和威廉的婚礼似乎只是一种形式，这样伊莱恩就不需要从纽约市区奔波到布鲁克林了。他们婚后也没有得到任何的经济资助，威廉总是幽默地说："我不是穷，我是很穷。"每当伊莱恩给艺术家当模特，或威廉不情愿地卖掉他很满意的画而挣了几美金时，他们总要在买食物果腹和买烟享受一番之间犹豫。尽管生活一贫如洗，但他们在社交和文化方面仍然感到十分富有。他们处在一个热情洋溢又充满活力的，以雪松酒馆为圆点的新艺术中心里，那些在未来熠熠闪光的伟大人物会时不时地出现在这儿：杰克逊·波洛克、李·克拉斯纳、马克·罗斯科、弗朗兹·克莱恩，等等。

20 世纪三四十年代，每个人都知道威廉注定要成就一番事业：他是一个严肃认真、带着赤子之心又饱含忧思的天才。他的标准如此之高，他亲手毁掉的作品比完成的作品数量多得多。在威廉努力摆脱曾经受过的死板又严苛的训练时，他越来越接近一种不那么自觉的绘画方式。虽然抽象概念给了他无限灵感，但他从来没有放弃过具象。对他而言，人的形体有一种无法抹除的力量。20 世纪 40 年代后期，见证了波洛克以"泼溅"手法创作的作品后，威廉在创作中开始渐渐放松下来，透出一种"随性而为"的感觉。他终于找到了自己的风格，在纽约奋斗了 20 年后，在至交好友查尔斯·伊根的帮助下，威廉于 1947 年举办了首次个人艺术展。

　　这次展览大获成功，威廉以令人惊叹的方式达成了当年的愿望：成为一名杰出的艺术家。威廉的艺术成就是在他与伊莱恩的关系濒临破裂时所取得的。德·库宁夫妇在宴尔新婚时享受了短暂的幸福时光，随之而来的便是多年的争吵、酗酒和习惯性的出轨。在威廉的个人艺术展开始不久前，伊莱恩开始和伊根秘密交往。显然，威廉除了继续接受美术馆的安排，别无他法。在他们居住的社会环境中，一夫一妻制并没有得到广泛的尊重和维护，而德·库宁夫妇在这方面可能是最为极端的案例。1957 年，他们的婚姻关系已经千疮百孔到了难以为继的地步，于是他们选择了分开。不过伊莱恩仍然和以前一样，是威廉最坚定的支持者。

　　在离开婚姻生活后的几年里，伊莱恩很快收获了成功。我不禁在想，如果她不曾是德·库宁夫人，这一切会不会来得更早？ 1962 年，伊莱恩受委托为时任美国总统约翰·肯尼迪创作肖像。把这个难能可贵的机会给予这样一个在保守派精英眼里带着神秘波希米亚风格的艺术家，背后代表的是何其深沉的信任。伊莱恩以自己独特的方式快速创作了多幅图像，并通过对人物的动作和姿态的描绘，准确地把握住了人物气质。与威廉不同，伊莱恩工作时十分果决，不带一丝犹豫。除了近距离观察总统，她还积极地收集杂志剪报，并对着电视画速写。总统的形象在她的工作室里渐渐成型，可是在她接受委托后的一年，肯尼迪总统遭遇刺杀，不幸遇难。她悲

1962 年，伊莱恩·德·库宁受邀为时任美国总统约翰·肯尼迪作肖像画。

痛盈心，乃至之后一年里都没有再开展工作。

　　1959 年，威廉已是一位享有国际声誉的艺术家。在冷战时期，美国将他的作品送到海外，以宣扬美国的自由和辉煌。不得不说，威廉已然是纽约艺术界最具有号召力的"吹笛人"。就像他已故的艺术竞争对手波洛克一样，威廉没有准备好应对他所渴望的成功，反而在酗酒和抑郁的深渊里越陷越深。在人生最黯淡无光的时刻，伊莱恩回到了他的生活中。他们一起搬到长岛生活，威廉加入了匿名戒酒互助社，这一行为或许挽救了他的生命。在分离近 20 年的时间里，伊莱恩经常旅行、遍观世界，这为她已烂熟于心的绘画技巧带来了许多新的文化参考。不仅如此，伊莱恩也已成为一位受人尊敬的艺术老师。经受了岁月的洗礼，这对夫妇终于不再彼此争斗，也不再与艺术世界相背而行。两人相依相偎，共同创作，度过了 20 年的幸福时光。近年来，学者们开始试图把伊莱恩从威廉的阴影中抽离出来，她的作品也越来越受到重视。调整自己的定位是行之有效的，但伊莱恩从不憎恨自己以前所处的位置。在生命即将结束时，她说自己并非挣扎在威廉的阴影里，而是"沐浴在他的光芒中"。

　　这对夫妇一起找到了安宁，但他们与生命的抗争并没有结束。伊莱恩在 20 世纪 80 年代初被诊断出患有癌症，多年来一直疾病缠身。威廉在生活中一直是个内向的人，他经常会把自己锁在工作室里。然而老年痴呆症的侵袭，让他不得不走出这种封闭状态。伊莱恩于 1989 年去世时，威廉甚至没有得到任何消息。威廉最终于 92 岁离世，比自己那位才气灵动又喜爱社交的妻子多留在了世上许久。这对伉俪携手共进，将纽约的艺术世界打造得无比绚丽。

玛莉亚·马丁斯

&

马塞尔·杜尚

1946 ~ 1951 年

巴勃罗·毕加索也许是 20 世纪最伟大的艺术家，他是独树一帜的天才，让人钦佩、尊重乃至敬畏，却无法效仿。马塞尔·杜尚则不同，他被公认为是 20 世纪最具影响力的艺术家，并为其他艺术家推开了一扇新的大门。之所以这样说，是因为杜尚拓宽了艺术边界，改变了游戏规则，打开了潘多拉魔盒。在杜尚之后，只要被创作者认可，任何事物都可以是艺术品。杜尚的标志性作品《泉》（*Fountain*，1917 年）是"现成物"艺术：一个先前已经存在的事物（例如《泉》中的小便池），被艺术家签上大名；重新加以呈现后，成了一件崭新的艺术品。杜尚凭借他的宣言"我不相信艺术，我相信艺术家"，成为一位崇尚后现代主义的英雄，作为一名挑战传统思维方式的人物，他颠覆了艺术史。杜尚替自己辩解道："如果一个人在谈论艺术时聚焦逻辑，那么他其实是在质疑艺术史。"杜尚也不是典型的浪漫主义艺术家，诸如一位饱受折磨的天才渴望着自己的作品得到世人认可，类似这样的描述并不适合他。确切来说，我们认为杜尚非常愤世嫉俗，同时又对世界冷眼旁观，甚至可以说是略带心机。当然，这里的心机指的是那种孩子式的淘气。

这样的杜尚，竟也会犹如深受情伤的少年一般，在情书中诉说自己对恋人的思念之苦。他在给秘密情人——巴西雕塑家玛莉亚·马丁斯的情书中写道："亲爱的，我总是忍不住想你。每天有 14 个小时见不到你，这对我来说真是一种难以忍受的折磨。"每当身边没有马丁斯时，杜尚总会觉得"生活空洞无趣，城市好似空无一人……与你分离，我真是痛苦难忍"。直到 2006 年巴黎苏富比拍卖行将这对情侣之间的来往信件拍卖后，信中深切的爱意才公之于众。2009 年，这些信件被列入费城艺术博物馆的展览目录。

1927 年，杜尚与第一任妻子离婚，这段婚姻仅维持了短短六个月，因为他们难以承受来自社会的众望和压力。1943 年，杜尚在纽约遇见了马丁斯。她曾是巴西驻美国大使的妻子，也是一位彻底的自由主义者，总是像训练有素的舞者般风情万种。她自视为祸水红颜，懂得如何用自然、炽烈的语言来表达爱意。马丁斯曾以苦乐交织的感情为杜尚写过一首诗：

马塞尔·杜尚的作品《给予》是以玛莉亚·马丁斯的身体为主要灵感而创作的。

即便我已离世许久，
你也早已化作黄土，
我仍想久久地折磨你。
把你对我的思念变成一条火蛇，
缠着你跳一支不会灼伤的舞蹈。
我想看着你迷失、窒息，
流浪在思念的迷雾里。

　　马丁斯的艺术作品表现出对权力、感官、折磨和痛苦的关注。她的雕塑源于超现实主义，融合了高度的表现主义。她经常糅合人类、植物和动物的形态，创造出某种混合生物。马丁斯深受马克斯·恩斯特和阿尔贝托·贾科梅蒂等艺术家的启迪，在消解事物原有的形式方面有着独特的天赋。例如，马丁斯在《没有回声》（*Without Echo*，1943 年）中呈现出了一个单一的女性姿态，它展现着有机的曲线美，并将具有威胁性的爪状特征转向自己。这件作品让人不禁想起古老的雕塑作品《拉奥孔》（*Laocoön*）中展示的那个与巨蛇斗争的扭曲人像。

　　1943 年纽约，马丁斯在与荷兰风格派运动先驱皮特·蒙德里安的联合艺术展中展出了自己的作品。市场通常会对女艺术家存有偏见，这次却出现了戏剧性的反转：马丁斯的作品被抢售一空，蒙德里安的作品则无人问津。马丁斯以 800 美元的价格购买了蒙德里安的代表作之一《百老汇爵士乐》（*Broadrian Boogie Woogie*，1942 ~ 1943 年），这幅作品后来被捐赠给了纽约现代艺术博物馆。也正是在这个展览中，杜尚和马丁斯相遇。想象一下这场浪漫的邂逅，杜尚作为极具影响力的艺术家，在马丁斯展出的作品中信步而行，并意外地与自己未来的恋人相遇。然而事实并非如此，杜尚和马丁斯确实是在画廊初见，但杜尚自 1943 年后就不再被视为艺术家了，因为从 20 世纪 20 年代开始，杜尚不再创作艺术品，开始钻研国际象棋。久负盛名的艺术家选择退休，这在艺术史上是极为罕见的。直到 20 世纪 50 年代后期，杜尚对艺术史的重大意义才得到年轻一代艺术家的认可和支持，如罗伯特·劳森伯格和贾斯培·琼斯。

　　对杜尚这位充满矛盾的大师而言，一切事物都并非如表象所见。1968 年杜尚去世后，他留给世界的最后杰作才终见天日，他用生命的最后 20 年偷偷地创作了《给予》（*Étant Donnés*，1946 ~ 1966 年）。这是一件带有情色意味的装置艺术：在一扇看似普通的巨大旧式木门上有两个小洞，当观者从门上的小洞向内望时会发现其中别有洞天，一个裸女横躺在树丛中，如刻意向观众展示一般，以令人不适的方式张开双腿。琼斯认为这是"全世界所有博物馆中最奇怪的艺术作品"。近几十年，人们才发现马丁斯在杜尚遗作中的重要性。

　　杜尚和马丁斯短暂热烈的感情只从 1946 年持续到了 1951 年，随后马丁斯回到巴西，留下了伤心欲绝、几近崩溃的杜尚。曾几何时，他令众多女士心碎，遇到马丁斯可以说是棋逢对手。尽管那时的马丁斯已有三个孩子且身居高位，她仍然性感诱人、心理强大、敢爱敢恨。从某些角度看，两人的结合有些奇怪：杜尚离群索居，马丁斯则热衷于交际。杜尚几乎是哀求着马丁斯，希望她可以租下西十四大街上那间离他很近的空置工作室，以便两人共筑爱巢，但马丁斯拒绝了他。即便是杜尚这样的艺术天才，也无法让马丁斯甘心围于一方天地。在这段热烈奔放的关系中，杜尚创作了一些带有情色意味的作品，如以精液和体毛为材料创作的拼贴画。他的秘密艺术实践与他对马丁斯的爱恋交织在一起，密不可分。《给予》便是以马丁斯的身体为主要灵感而创作的。杜尚以极为细腻的素描画下她的裸体，以石膏塑造出她的身体造型，并模拟其健康自然的肤色。从某种意义上说，马丁斯也是杜尚的艺术合作者，因为杜尚会经常就这件作品询问她的意见。除了马丁斯和杜尚的第二任妻子坦丽，似乎没有人知道这件作品的存在。

　　《给予》的主题，引起了人们无尽的猜想。当这件作品最初被展出时，保守派对其简直深恶痛绝。他们对作品的色调和含义感到十分困惑与不解，甚至把它看作是谋杀或强奸的案发现场。另一些人则把这件作品视为杜尚窥阴癖、变态和沉迷肉欲的体现，认为它可能记录了杜尚和马丁斯之间共处的某些场景。从杜尚和马丁斯交换的信件，以及他们各自创作的艺术品中可以清楚地看到，杜尚和马丁斯两人都为权力、情欲和爱的折磨感到痛苦，同时又深陷其中。

汉斯·阿尔普

&

苏菲·塔博-阿尔普

1915 ～ 1943 年

对于一些年轻的艺术家和知识分子来说，第一次世界大战标志着他们所熟知的欧洲文明就此终结。战壕中干涸嫣红的血液、数百万年轻人的死亡、邻国间的彼此攻伐，这些都意味着与过去的彻底决裂。欧洲的高雅文化和曾经的开明价值观悄然消逝，剩下的是对价值体系的背叛和怀疑，以及对一切事物的不信任。人类共同建造的东西正一点点毁于最残忍的战争。

欧洲的一个小中立区成了宣泄复杂情绪的出口，这个地方就是苏黎世。数百名艺术家和作家为了逃离征兵的压力和战争的恐怖，来到这里寻求安稳与和平。他们聚在久负盛名的伏尔泰酒店，发泄着强烈的愤怒、绝望、癫狂与焦虑，沉溺于不顾明日的快乐。在这里，20世纪艺术领域里最重要、最奇怪的运动诞生了：达达主义艺术运动。其中闪亮的两颗星星，就是运动的发起人苏菲·塔博-阿尔普和汉斯·阿尔普。

"达达"是一个无意义的词，听起来像婴儿的呢喃或打鼓的节拍。这一运动的名称透露着对权威的摒弃，对天真的欣赏以及运动本身喧闹的特质。同时，它也是进入伏尔泰酒店的暗号，呼喊出"达达"，就意味着把理性抛之脑后，把过去所有的社会、文化和道德标准弃置一旁，酒店的来访者将进入一个充满活力的新世界，这里的一切规矩都已被重新书写。一旦进入这个艺术家的避风港，来访者将邂逅狂野的诗歌、不解其意的音乐、抽象的艺术展览，以及苏菲无拘无束的舞蹈。在恍惚的半神游状态中，苏菲戴着为表演行为艺术而亲手制作的面具尽情舞动，她俘获了整个屋子的目光，也俘获了汉斯·阿尔普的心。不久之后，汉斯便宣布苏菲是自己的灵魂伴侣和最重要的艺术合作者。无论是合作创作还是独立创作，这对艺术家爱侣都领先了时代很多年。

苏菲于1889年出生在瑞士，她不仅受到了艺术领域的熏陶，也曾受过设计方面的训练。她努力利用达达主义所宣扬的社会和艺术自由来填补自己作为女性的地位劣势，致力于缩小所谓的"技巧"与艺术之间的界限。她的一生可能并不是完全成功的，但她被公认为是那个时代极具创造力的艺术家，为后世留下了至关重要的遗产。

汉斯于 1886 年出生在法国东北部的阿尔萨斯，由于法国和普鲁士之间的战争，这个城市也曾被纳入德国版图。因此，汉斯既不是纯粹的德国人，也不是纯粹的法国人。他的父母根据两个国家的习惯给他起了两个不同的名字：让·阿尔普和汉斯·阿尔普。汉斯居住在一个多语种环境中，根据交流对象的不同，他可以在法语和德语之间顺畅地切换。从某种程度上来说，他又出生在一个兵家必争之地，因此他对国界的变化和军国主义扩张的欲望特别敏感。一战开始后，汉斯离开了生活许久的巴黎，于 1915 年抵达苏黎世，开始接触前卫艺术。

那时，汉斯已经在探索抽象艺术了，他抛弃了传统的油画，转而使用一系列其他媒介进行创作。在抽象作品的创作过程中，汉斯十分擅长采用某种自然风格，使用的波浪线和曲线很容易让人联想到自然界中的图案。1915 年 11 月，虽然刚到苏黎世不久，汉斯已经在坦纳美术馆的群体艺术展中展出了自己的作品，其中用到的媒介包括现代挂毯、刺绣、绘画等。正是在这个初露光彩的时刻，汉斯遇到了他未来的妻子，一个欣赏他的理念、与他心灵相通的人。那一年，他 29 岁，她 26 岁。

正如汉斯所言，他们的共同信念是"否定以前存在的一切事物……所谓的机会，不是艺术范围内的延伸，而是所有的一切都分崩离析、不复秩序"。汉斯和苏菲喜欢创作新颖且充满创意的抽象拼贴画，但他们拒绝使用剪刀和通过手工来裁剪及粘贴。受到当时混乱和随意的气氛启发，他们将撕碎的纸屑随意抛撒，纸屑落在何处便粘贴在哪里，由此来完成作品的创作。汉斯和苏菲进入了艺术史上的一个新领域，消除了有意识的思想，不再被无聊的思维所控制，转而追求纯粹的偶然性。

1917 年，在达达美术馆的开幕之夜，苏菲穿着汉斯亲手设计的服装欢快地舞蹈。由于受到服装的限制，她的动作呈现出骤停、抽象和直观的丰富效果——她就是纯粹的、舞动的达达本身。苏菲用各种媒介和形式来表达艺术，例如挂毯、舞蹈、室内装饰、木偶、镶嵌和服装设计等。这些媒介和形式在日常生活中的实用功能性并没有削弱苏菲对于达达主义的信仰，她坚信"艺术是至高无上的，但它也存在于生活的每个角落"。她的思维十分开放，认为艺术扮演着重要的政治和社会角色。

苏菲在艺术界和教育界举足轻重，在商业上也颇为成功。1926 年，她与丈夫汉斯及荷兰抽象艺术家特奥·凡·杜斯伯格一起，受委托为斯特拉斯堡的黎明宫餐厅设计翻新方案。黎明宫是一座 18 世纪的建筑，设有大型餐厅、电影院和舞厅。他们将织物图案与翻新后的建筑巧妙地融为一体，这里后来被称为抽象艺术的西斯廷教堂。由他们的设计方案翻新而成的黎明宫餐厅本应成为艺术的朝圣之地，可惜当时受到保守派居民的强烈反对，因此只能重新整改。不久之后，该建筑遭到纳粹轰炸，毁于战火。

现在，汉斯被称为是以一己之力引领艺术风潮之人，他在达达主义和超现实主义之间架起了一座桥梁，一生之中赢得了无数著名奖项，各大博物馆对他的作品也推崇备至。然而，他的妻子苏菲却没有亲眼看到自己在

国际艺术界享誉盛名的那天，她由于烤箱故障引发的一氧化碳中毒而意外去世，年仅 54 岁。在她去世后，汉斯陷入绝望的痛楚之中，在修道院隐居许久。待汉斯重新振作后，他将自己的作品以及已故妻子的遗作剪碎、合为一体，重新创作出富有创造力的拼贴画。正是由于汉斯为保护和宣传妻子的作品而付出的努力，苏菲现在正慢慢获得本应属于她的认可和地位，并被纳入 20 世纪艺术史上具有影响力的艺术家之一。在苏菲诞辰 127 周年纪念日时，她的形象以谷歌涂鸦的方式在全世界被众人瞻仰；她也是第一位出现在瑞士法定货币上的女性。

　　由苏菲和汉斯携手奋力推开的大门并没有合上，世界各地的表演艺术家、朋克族和那些努力将艺术与生活融为一体的人们都通过这扇大门了解到了一个崭新的世界。

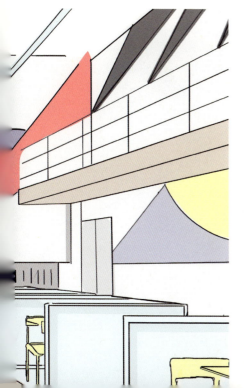

汉斯·阿尔普和苏菲·塔博-阿尔普与荷兰抽象艺术家特奥·凡·杜斯伯格一起，为斯特拉斯堡的黎明宫餐厅设计了翻新方案。

拉奥尔·豪斯曼

&

汉娜·霍克

1915 ~ 1922 年

如果只能选择一件 1919 年的艺术品代表德国的社会、政治和艺术，那么最强有力的竞争者一定是汉娜·霍克的摄影拼贴画《用达达主义的厨刀切开德国最后的魏玛啤酒肚文化时代》（*Cut with the Dada Kitchen Knife through the Last Weimar BeerBelly Cultural Epoch in Germany*，1919 年）。作品运用了照片蒙太奇的手法，由丰富的图像和文字组合而成，素材来自不同的杂志、小册子和报纸。这件作品以严格的意图将那些著名的政治人物，如德皇威廉二世和兴登堡将军，与知识分子，如卡尔·马克思和阿尔伯特·爱因斯坦并列。此外，作品中还分散排布着众多电影明星、体育英雄、舞者和当代波希米亚艺术家们。霍克通过媒体图像再现了达达主义者眼中充满矛盾的魏玛时代德国社会（编者注：魏玛共和国是指 1918 ~ 1933 年间采用共和宪政政体的德国）：现代技术推动了社会进步，但这种进步却被大肆盛行的享乐主义消解；民智已开，但人们却陷入了大规模示威的泥沼，无法继续前行。

这件作品是魏玛时代的标志，也是柏林达达主义运动中最伟大的艺术作品。达达主义是一种无政府主义的艺术运动，由一群"反艺术"的年轻艺术家和反战人士领导，兴起于一战时期的苏黎世。这些艺术家目睹了一战中无数生命的逝去，他们心怀愤怒，对政府极度不信任，拒绝保守、军国主义和约定俗成的艺术标准，甚至蔑视历史及艺术的严肃性。柏林的达达主义者在 1920 年达达主义国际博览会上留下了影像：一群谈笑风生的"反艺术"人士，在四周看似混沌的艺术品中摆出各种各样的姿势。这群达达主义者中就有汉娜·霍克，她留着一头时髦的短发，手杖斜斜地搭在一侧，身旁站着她的丈夫——达达主义艺术家拉奥尔·豪斯曼。

霍克是达达主义团体中极少数的女性成员，现在，她被认为是团体中最有才华的艺术家。达达主义的精神即质疑权威，摒弃过去的一切制度，消除一切分歧，这也就意味着达达主义支持性别平等。那时的社会正悄然发生着变化：20 世纪 20 年代，现代女性意识开始萌芽，女性开始走出家门，出现在工作场所和街头。

霍克用"达达主义的厨刀"剪裁了源自杂志、小册子和报纸的素材，完成了摄影作品拼贴画。

　　女性不再局限于家庭，她们成了新都市及精神进步的象征。时尚杂志将霍克这位现代女性的风貌刊登于世，她时髦的礼服、利落的短发和中性的外形都成了当时女性效仿的对象。

　　如果你认为霍克只不过是经过精美包装的现代女性，那就大大低估她了。她质疑一切，甚至会在作品中透露出对新现代女性的不信任。虽然达达主义宣称女性已经得到解放，但这或许只是一种美好的说辞。霍克的男同事曾试图将她的作品从展览中移除，在豪斯曼的据理力争之下，作品才得以保留。豪斯曼表示如果不留下霍克的巨作，自己将拒绝参加展览。这个举动并非完全出于对爱人的怜悯，当时的艺术评论家认为这件作品尤为出色，霍克后续也为柏林达达主义做出了巨大的贡献。然而，在很多场合中，前卫艺术圈里的男性都试图将她边缘化。汉斯·里希特称霍克为团体里的"一位好姑娘"，对她的才华只字不提；一些艺术家在回忆录中也只提到了霍克的自视甚高及善于制作美味点心；其余则完全忽略了她的存在。

豪斯曼在 1920 年的达达主义国际博览会上确实曾为情人挺身而出，但他和上述男性艺术家实则并无不同，他的根本目的是想征服霍克。这对情侣的关系可以说是动荡不安，他们经常陷入剧烈的争吵甚至暴力之中。霍克和豪斯曼于 1915 年在柏林相遇，当时霍克年仅 22 岁，捷克移民豪斯曼年长她三岁，并且已与一位小提琴家结婚七年，育有一女。豪斯曼在柏林艺术界势力强大，魅力非凡且极为自信，但他的魅力很快就消弭于他暴躁的脾气和自负的性格。霍克也意识到了这段感情注定坎坷艰难，她后来用"不计后果"来形容这段爱情。尽管他们的关系有时很紧张，但也正因此激发了他们的创造力。霍克和豪斯曼在一起的七年中，共同创造了开创性的照片蒙太奇技术，推动了达达主义的重要发展，并为表达激进的思想提供了一种新的语言。

在波罗的海岸享受假期时，因为没有豪斯曼的妻子和孩子叨扰，两人享受了一段悠长又美妙的时光。在他们借宿的旅馆中，这对艺术家被一幕不同寻常的景象震惊了。旅馆的主人拍了一张寻常的照片，照片上有五名士兵，不同的是，他在每位士兵的头像部分都贴上了自己儿子的肖像照。这种奇怪的混搭大概是出于父母对服役的儿子的挂念。豪斯曼和霍克感到醍醐灌顶，以此为灵感创造了照片蒙太奇。照片蒙太奇就是以剪切和拼接的方式重新组合图像，以辛辣讽刺的方式对社会及政治进行客观的评论。他们的作品在达达主义组织内部产生了巨大的影响，也印证了达达主义有着无穷无尽的灵感来源。

这对情侣是柏林达达圈子的核心人物，经常出席各种活动和展览，并以与社会习俗背道而驰的方式生活在一起。豪斯曼认为：资本主义和家庭等级本质上是父权制，因此女性应该抵制婚姻，从而得到完全的解放。但与此相矛盾的是，他又认为每个女人都有生育孩子的义务。霍克也十分想当母亲，但她知道社会对未婚母亲并不宽容，而且她的情人也拒绝离开妻子，为此她感到十分沮丧。豪斯曼坦承自己是一个伪君子：他对霍克的情绪嗤之以鼻，他坚持认为婚姻很重要，想到自己要离婚就本能地感到厌恶。

　　豪斯曼对霍克的艺术理念同样不屑一顾。达达主义就是要完全拒绝之前的一切，但是霍克仍对着画架画着传统的静物和风景。她采取了一种更为温和的态度，脱离了达达炫耀似的表演。霍克的男性同行完全在反对派的旗帜下创作，以宣泄愤怒为目标；但霍克的作品往往比较模糊，更为个性化，而且仍然高度重视形式、构图和技巧。

　　霍克对达达主义的矛盾心理不应该被误解为缺乏勇气；她用照片蒙太奇技术针对社会对现代女性外表的痴迷表达了尖锐的批评；在作品《油头粉面》（*Da-Dandy*，1919 年）中讽刺男性达达艺术家沾沾自喜的虚荣心。她的短篇小说《画家》（1920 年）更加透彻，刻画了一个因妻子让丈夫包揽家务而产生心理危机的男人，以此来讽刺豪斯曼。1922 年，霍克对豪斯曼的虚伪和脆弱的内在感到厌倦，她说："他需要不断地鼓励才能实施自己的想法、鼓起为小目标奋斗的勇气。"在经历了第二次堕胎后，霍克终于承认宁愿自己从未与豪斯曼相识，从未开始这段感情，她就此与豪斯曼告别。

　　之后，霍克拜访了她之前的伴侣，她的前任伴侣在 20 世纪 20 年代末期成了一名社会摄影师，成功地售卖了自己的理想。霍克是这样形容他的："他很无聊，终日炫耀着他的财富。"与这位伴侣相比，霍克的潜能还远远没有耗尽。在之后的半个多世纪中，霍克继续创作着照片蒙太奇作品，从一个懵懂的达达主义者成长为了一位极具影响力的艺术家。她创作了一系列令人瞠目结舌的作品，内容包括幻想、女权主义和对社会辛辣尖锐的讽刺。霍克的职业生涯长久而硕果累累，经历了被边缘化的青年时期，忍受了作品被忽视的数十年。在生命的最后两年，霍克在 1976 年的巴黎和柏林的回顾展中，得到了本应属于自己的荣誉。

　　现今，数字图像已经饱和，霍克的作品与这个时代似乎更具相关性了。作为 20 世纪艺术界的关键人物之一，她的地位被重新认可。霍克拒绝向他人俯首，因此她的精神超越了短暂的达达主义而长久存在。作为男性同行口中的"好女孩"，她反而让自己的情人和那些达达男士看起来像一群幼稚的小男生。

约瑟夫·亚伯斯

&

安妮·亚伯斯

1922 ~ 1976 年

　　包豪斯学校绝不仅仅是一座建筑，它秉承着没有任何偏见的理念，将艺术、工艺、设计和制造融合为一件完整的艺术品，为后世留下了意义深远的遗产。这样的内在本质，在我们这个时代几乎已不可寻了。包豪斯学校由瓦尔特·格罗皮乌斯于 1919 年在德国魏玛市创立，它的主要设计理念源自对形式和功能之间关联性的思索。过去的装饰主义、精英主义和表现主义的思想被逐渐摒弃；形式简洁而注重功能、各种艺术形式平等的理念登上了舞台。现今流行的混凝土工业风、时尚的现代主义和钢制家具都源

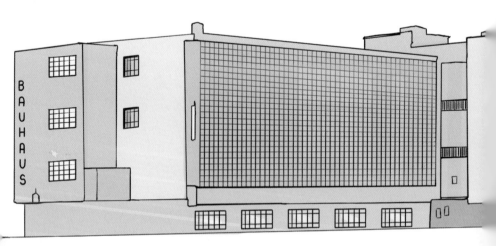

于包豪斯创造性的理念。这所学校不同凡响,课程目的旨在消除过去的教育、品位和美学概念,让学生能够"不受污染"地重新思考一切。

　　如果将包豪斯比喻成宗教,那最伟大的两位先知应当是安妮·亚伯斯和约瑟夫·亚伯斯。约瑟夫于 1920 年入学,当时包豪斯学校刚成立一年;而安妮则在两年后入学,那时的包豪斯仍在起步阶段,十分艰难。在包豪斯的圣诞派对上,现代建筑大师格罗皮乌斯装扮成圣诞老人派发礼物,安妮获得了一张印刷版的乔托作品《飞往埃及》(*Flight Into Egypt*,

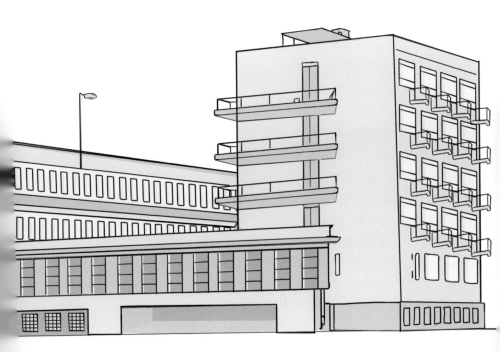

1304 ~ 1306 年），上面还有她钦慕已久的约瑟夫亲手写下的文字。尽管约瑟夫和安妮的背景有着天壤之别，但他们仍很快坠入了爱河，无法自拔。约瑟夫是一个油漆工的儿子，出生在一个不知名的采矿小镇；安妮则来自富有的出版世家，自小就有专职的家庭教师及满屋子的仆人为她服务。约瑟夫比安妮年长 11 岁，安妮形容他是"一个瘦弱且面带饥色的威斯特伐利亚人"，但有着"难以抗拒的金发和飘逸潇洒的刘海"。尽管社会阶层差异很大，他们还是爱上了彼此的艺术理念。他们的余生，都怀着对生活的热爱和对艺术纯粹的追求。

在求学时，约瑟夫就试着通过不同媒介创作，他尝试过喷砂玻璃、家具设计、家用物品制作和字体设计。包豪斯学校的确促进了两性之间的机会均等，但令安妮失望的是，学校阻止女性从事任何被认为是体力劳动的研究，她只被允许进入织造车间。幸运的是，她对织造领域充满热情，并为未来几代人树立了新的标准。

约瑟夫刚入学时就令人印象深刻，后来他成了第一个留校任教的学生。约瑟夫于 1925 年入职，并于同年在柏林与他的心爱之人安妮从校园步入了婚姻殿堂。在他们结婚后不久，学校搬至由格罗皮乌斯设计的革命性新建筑中，这幢建筑成了包豪斯的象征，并得到了越来越多人的认可。这对夫妇住在教师公寓里，经常与同事保罗·克利和瓦西里·康定斯基及他们的妻子一起交流，建立了一个鼓励进步和新价值观的乌托邦社区。

约瑟夫和安妮共同坚定地反对生活和设计中的资本主义倾向，即过于繁复和不必要的细节修饰。这对约瑟夫来说可能更容易做到，他很庆幸地表示自己没有出生在知识分子家庭："如果那样的话，我可能需要花费数年的时间才能摆脱家庭背景带给我的影响，从而看到事物的本质。"然而，安妮出生于一个富有的家庭，对她的父母来说，自己的女儿在一所现代主义学校就读，而且之前的寄宿家庭只允许她每周洗一次澡，这简直就是一种彻头彻尾的反叛行为。安妮意识到家庭背景不应该与自己的理念相悖，于是她坚持要求所有来探望她的家庭成员必须把开来的豪车停在她的视线之外。这对夫妇践行着注重约束性、和谐性和功能性的理念，当他们招待同事共进晚餐时，他们甚至杜绝使用黄油球这种寻常的餐桌点缀。

安妮最初选择的并不是被称为"女性专属"的织造车间，但随着学校声誉日隆和学科领域的建设，她全身心地投入到了织造领域：1931 年，她已经成了该车间的主任。安妮迅速解决了一些实际问题和设计中面对的挑战，创作出了革命性的新作品，将艺术天衣无缝里地融入纺织品的形式之中。安妮将纺织这种艺术媒介运用得出神入化，她时不时会回忆起老师保罗·克利所说的那句话："散步时请带根纺织线。"她很快就把丰富多彩的象征性绘画与自己开创的抽象编织艺术融合起来。安妮的作品是以纹理和几何形状作为特色的，这两个要素对艺术家的手工技艺要求很高。安妮这样解释自己的创作核心："让纺织线表达自己，并为自己寻找一种形式来奏出和谐的乐曲。它们的存在不是供人躺坐，也不是供人踩踏，只为让人欣赏。"

德国纳粹的魔爪于 1933 年降临，包豪斯学校被迫关闭。约瑟夫当时已是一位知名艺术家和杰出教师，他与其他老师共同做出了决定——宁为玉碎不为瓦全，他们选择离开学校，拒绝向纳粹卑躬屈膝。美国北卡罗来纳州的实验艺术学校黑山学院向这对夫妇伸出了橄榄枝，邀请他们担任学院的创始教员。于是，安妮跟随丈夫离开了德国。

安妮在黑山学院教授编织，致力于将这种曾经被视为妇人小技的手艺上升到受人尊敬的艺术层面。在安妮 1965 年出版的开创性书籍《论编织》（*On Weaving*）中，她公开了一项关于世界编织历史的调查，将其古老的历史与其在现代世界的有效性联系起来。与此同时，约瑟夫领导了一个艺术系，形成了年轻一代艺术家中极为重要的一股力量，其中的成员包括了赛·托姆布雷，罗伯特·劳森伯格和唐纳德·贾德。

1949 年，约瑟夫担任耶鲁大学设计系主任，巩固了他作为 20 世纪最具影响力的艺术教师的地位。约瑟夫突破了艺术教育的界限，擅长观察和

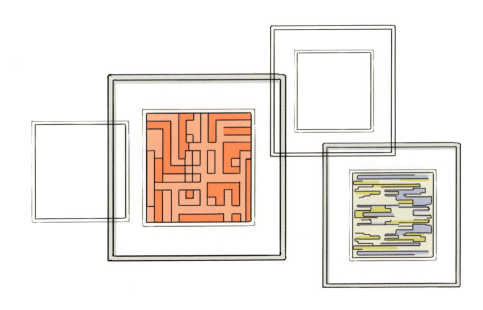

实践，并采用非惯用手法进行绘画，这如今仍然是各大艺术学校的参考教学方法。约瑟夫的英语不是很好，因此他告诉学生："请各位睁大眼睛看着我。"他的教学方式非常直观且具表演性，尽管语言有限，但他总能将意思表述清楚。在耶鲁大学，约瑟夫还证明了自己几何抽象绘画大师的身份，他的系列作品《向正方形致敬》（*Homage to the Square*）用了超过 25 年的时间来创作，其中共含 2000 余幅作品，作品呈现了等距内缩的多个正方形单色色块，营造出了富有纵深变化的视觉效果。约瑟夫这系列开创性的作品在他的一生中广受赞誉，他于 1971 年成为第一位在大都会艺术博物馆举办回顾展的在世艺术家。安妮·亚伯斯早他一步，于 1949 年成为第一位在现代艺术博物馆举办个展的编织艺术家。

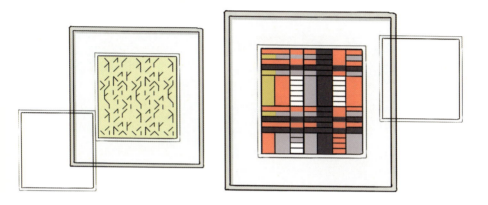

安妮·亚伯斯将曾经被视为妇人小技的编织引入受人尊敬的艺术领域；约瑟夫·亚伯斯在系列作品《向正方形致敬》中创作了 2000 余幅几何抽象作品。

　　亚伯斯夫妇作为艺术家的鼎盛时期是在 20 世纪中叶，那时现代主义开始在美国流行。尽管艺术世界的趋势正在发生变化——逐渐偏离他们所创作的那种简约、冷静、富有形式的作品，但这对夫妇仍然忠于他们的信仰。他们是一片赤诚又忠于内心的艺术家，一直坚持着早年的理想。尽管包豪斯学校早已大门紧闭，但它的精神在学生们的身上得到延续，并散发着光芒。约瑟夫于 1976 年去世，多年后的 1994 年，安妮在他们的结婚纪念日当天与世长辞。她被葬在约瑟夫的身旁，共同长眠于两人一起选定的墓地中。虽然他们的作品曾短暂地退出流行的舞台，但当代的人们依然对他们青睐有加。近几年来，数十个有关这对夫妇作品的展览重新吸引了人们的注意，他们的作品简单又纯粹，一如当年。

格温多林·奈特

&

雅各布·劳伦斯

1934 ～ 2000 年

　　两次世界大战使纽约的哈林区成为黑人文化绽放的沃土。美国黑人文艺复兴运动时期，无数的艺术家、音乐家、诗人、作家和知识分子齐聚此地，勠力同心，为黑人文化做出了卓越的贡献。这种非裔美国文化的重生和巩固，是历史上原本被隔离的美国南部黑人大规模迁徙的结果。这场迁徙导致美国的人口结构产生了巨大变化，超过 100 万非裔美国人挣脱种族隔离法案的枷锁，去往不同城市寻求更美好的生活。第一次世界大战期间，纽约等工业化城市无疑成了普通劳动者的灯塔，一夜之间涌现出许多新的聚居地。哈林区曾经是纽约的郊区，但随着人口结构的变化，白人纷纷搬离此处，这里成了非裔新移民的栖身之地。

　　哈林区是纽约艺术圈的文化圣地之一，深受白人知识分子和艺术爱好者的青睐。他们吸收着表演艺术家费兹·华勒、钢琴家艾灵顿公爵、舞蹈家约瑟芬·贝克和文学家兰斯顿·休斯的活力和创意。这些艺术家以及美国黑人文艺复兴运动时期的其他关键人物，是第一批获得美国主流文化认可的黑人。这种认可无疑是种族关系有所进步的标志。人们倾向于将这一历史时刻浪漫化，然而事实却并没有想象中的美好。诚然，这里的爵士乐、戏剧、诗歌和绘画对本区乃至整个美国都影响深远，在非裔美国人遭受悲惨待遇的历史时期，这些艺术成为黑暗中的微光，抚慰着人心。但紧张的种族关系、恶劣的生活条件和极端的经济不稳定才是美国黑人文艺复兴的

起因，也是该运动持久的推动力。美国黑人文艺复兴运动时期的两位艺术家格温多林·奈特和雅各布·劳伦斯见证了这一时期及其遗留问题的复杂性。这对艺术家的家庭背景迥然不同，尽管他们结婚 60 余年从未分离，但在相同的环境中他们仍有着不同的经历。

劳伦斯是南方移民洪流的一员，1917 年他出生时，父母已经搬到了亚特兰大。之后，劳伦斯的父亲抛妻弃子逃离家庭，母亲为了养家糊口不得不把他送去寄养，曾经美好的生活一去不返。劳伦斯搬到哈林时年仅 13 岁，他与母亲仅有短暂的团聚时光，每当母亲外出当清洁工时，就会把劳伦斯托寄在乌托邦儿童中心。在劳伦斯颠沛流离又一贫如洗的童年回忆里，这里就像一个充满创意的避难所。劳伦斯在这里遇到了美国黑人文艺复兴运动时期的关键人物——查尔斯·阿尔斯通，他呵护、培养了这个小男孩的绘画天赋，并成为他的导师。劳伦斯开始用画笔描绘自己眼中荒凉的现实，一头扎进非裔美国人的历史中，如海绵一般吸收着有关奴隶制、移民和社会不公正的苦涩信息。

奈特的身世不同于她的丈夫，她并非南方黑人移民，家境也没有那么贫穷。奈特出生于 1913 年，母亲来自非洲巴巴多斯，父亲是一位慈爱的白人，可惜在她年纪尚小时就离世了。守寡的母亲部分瘫痪，凭着一腔孤勇，坚持让家人的朋友带着奈特移居到圣路易斯。奈特的寄养家庭思想较为自由，他们被哈林区的魅力所吸引，于 1926 年举家搬迁至哈林。当奈特看到爵士乐明星艾瑟尔·沃特斯和自己住同一栋楼，且每晚都会登上一辆豪华轿车去演出时，她立刻感受到了浓烈的艺术氛围。哈林区充满着音乐、舞蹈和绘画，这一切都深深地启发了她。

虽然奈特和劳伦斯境遇不同，但两人都有着很高的艺术天分。由于经济大萧条，两个家庭的教育资金只能一减再减，机缘巧合下，奈特和劳伦斯有了相遇的机会。奥古斯塔·萨维奇是一位备受尊敬的黑人女艺术家，她创立过极有影响力的工作室，并培育了许多哈林区的人才。虽然奈特和劳伦斯都得到过萨维奇的资助，但直到奈特为阿尔斯通工作，他们才得以相遇。1934 年，奈特在帮阿尔斯通为哈林医院绘制壁画时，爱上了比她小四岁的学徒劳伦斯。她后来回忆道："那时的劳伦斯皮肤光洁，长长的睫毛里藏着诱人的魅力。"他们于 1941 年完婚，之后，奈特致力于帮助自己的丈夫实现职业生涯的进一步飞越。

在两人还未结婚时，劳伦斯凭借其开创性的《黑人移民》系列作品（1940 ~ 1941 年），成为美国黑人文艺复兴运动时期的关键人物。劳伦斯创作这幅宏大的美国历史绘画杰作时年仅 20 余岁。作品尺寸惊人，他的创作速度也令人惊叹不已：在奈特的帮助下，劳伦斯仅花了八个月的时间，就在一个不通水电的建筑物中完成了这幅巨作。画中的人物形象各有特点：有些拙朴，有些经过了艺术加工，但仍然保留着明显的特征。劳伦斯以简洁的风格刻画了选择用脚投票的非裔美国移民，他们的心中有着如海一般的希望和绝望。这幅史诗般的作品是那段历史的真实写照，是记录那场重塑国家面貌的大规模移民的庄严纪念碑。纽约现代艺术博物馆购买了许多劳伦斯的作品，他就此跻身艺术界，成为第一位在那里举办个展的非裔美国艺术家。

这个系列作品完成后，劳伦斯和奈特享受了为期一年的蜜月。奈特继续创作自童年以来一直偏爱的肖像和静物画。她的风格更为轻松，主题来自内心世界的幻想而非沉重的历史。她作画纯粹出自本心，捕捉轻松的家庭环境中自己熟悉的女性主题。尽管丈夫的声望日隆，而自己的作品缺乏大众认可，但奈特仍然怡然自得。她后来意识到人们总是吝啬对女性艺术家的支持："这个问题并不是黑人女艺术家才会遇到的……但是显然在她们身上问题更为严重。"幸运的是，奈特的创作激情并没有因此被消磨。在她人生之后的几十年里，她坚持着创作，她的作品记录了她 20 世纪经历的完全个人化又充满活力的生活，这引起了人们对她的关注。

　　1946 年，奈特和劳伦斯接受了包豪斯传奇人物约瑟夫·亚伯斯的邀请，前往位于北卡罗来纳州的黑山学院任教。当时的种族隔离法案规定必须要按照不同种族将人群分隔开来，不同种族不能同时使用公共空间或接受服务。这意味着亚伯斯必须要为劳伦斯和奈特包下整节火车车厢，才能让他们顺利出行。夫妇俩刚抵达黑山学院时，他们甚至不太敢在校园内漫步。

　　不久后，这对夫妇悬着的心终于慢慢放下了。即使劳伦斯是一位具象艺术家，坚定的抽象主义者亚伯斯仍表达了对他的敬佩，亚伯斯非常欣赏劳伦斯对画面的解构形式和对色彩的诚实。奈特并没有以正式教师的身份加入学校，但学校非常随性自由，让她教授舞蹈课。于是，奈特把窗帘改成了精美的演出服，这一举动给亚伯斯留下了深刻的印象。不难看出，劳伦斯和奈特是一对魅力十足、引人注目，且热情洋溢的夫妇，非常适合黑山学院不拘小节的风格。

劳伦斯是美国黑人文艺复兴运动时期的关键人物，代表作是描绘非裔美国移民的《黑人移民》系列作品。

劳伦斯在跟随当时最伟大的艺术教师亚伯斯学习后，坚定地站在讲台上，同样成为一名教师，传播艺术的种子。他的职业生涯是那些年轻的非裔美国艺术家们向往的目标。后来，劳伦斯和奈特不断搬家，从纽约、尼日利亚到西雅图，奈特一直陪在丈夫身边，继续着自己的创作。最终，在20世纪70年代，艺术界发现了奈特的价值，她的作品开始在各大画廊出现；在她生命的最后几十年，各大博物馆也一直在收购她的作品。劳伦斯于2000年去世，奈特在2003年见证了自己的作品回顾展，两年后与世长辞。这对夫妇都将非裔美国人作为创作主题——劳伦斯从外部历史角度入手，奈特则从个人角度出发——他们的作品没有感情用事，这在今天尤为可贵。对新一代的非裔美国艺术家而言，这对夫妇是不可或缺的灵感来源和终身榜样。没有劳伦斯，就没有可海恩德·维里，也没有汉克·威利斯·托马斯；而奈特对黑人女性心灵的重视及表达，是如今非裔艺术家米卡林·托马斯和卡拉·沃克的创作基础。

凯·赛琪

&

伊夫·唐吉

1938 ～ 1955 年

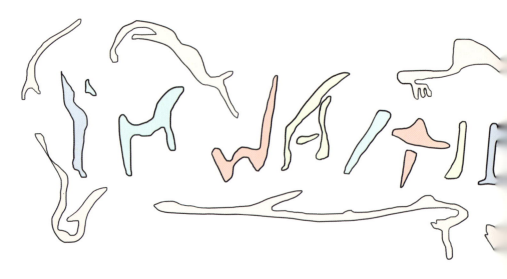

　　凯·赛琪和伊夫·唐吉经常被人误解，以为两人的生活整天鸡飞狗跳、十分不和。旁观者可能认为他们的婚姻缺乏爱情，因为他们经常在公共场合冲突不断：唐吉会对赛琪出言不逊，甚至推推搡搡。旁观者也可能会认为赛琪是一位业余艺术家，而唐吉的作品通常被视为最本真的艺术之声。他们作品拍卖价格的差异，也从侧面印证了这种说法。

　　然而，稍加审慎地思考，便能明白赛琪的作品自有其独特之处，她对唐吉的启发或许也超过了同时代的其他人。他们的爱情，远比表象更复杂。在唐吉猝然离世后，赛琪想随他而去，她在绝命书中痛苦地写道：

　　在我们还未相遇之前，我看到的第一幅由他创作的画，名叫《我在等你》。我便去寻他。现在他又在等我了——等着我，我来了。

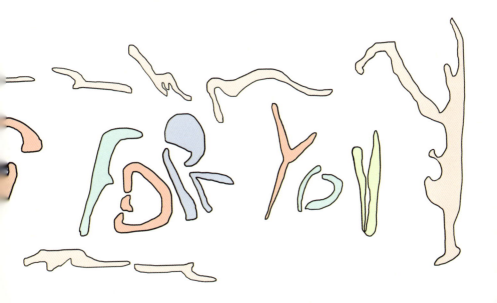

　　赛琪后来以悲剧又浪漫的方式离开了这个世界，奔向爱人，与唐吉团聚。对于一个从一开始就不愿循规蹈矩的女人来说，这个结局似乎很符合她的性格。赛琪于 1898 年出生在一个富裕的家庭，在她出生后不久，她的母亲就离开了丈夫，带着这个小女孩在欧洲四处旅行，小赛琪从仆人们那里学会了法语和意大利语。赛琪在罗马学习艺术时邂逅了一位意大利贵族——拉涅里·迪·圣·福斯蒂诺王子，两人于 1925 年完婚。她把王子形容为"另一个自己"，期待着以王妃的身份与王子幸福地共度一生。然而，赛琪最终觉得这种生活像一块"停滞不前的沼泽"，她决心要做一些建设性和创造性的事，于是毅然决然地离开了王子。

　　在与罗马的王妃生活挥手作别后，赛琪成为一名艺术家。她抛弃了那些教科书式的训练，沉浸于一种她自己创造的、全新的、渐进式的视觉语言。1938 年，赛琪搬到巴黎，她在国际超现实主义展览中流连忘返，其中乔治·德·基里科的作品最让她沉迷不已，此后，她便陷入了对超现实主义的迷恋。也正是在这次展览中，她第一次看到了唐吉的作品——那幅在遗书提到的《我在等你》（*I Am Waiting for You*，1934 年）。

也许是意大利艺术家基里科与传统意大利绘画截然不同的特点启迪了赛琪，超现实主义让原本就精通意大利艺术语言的她找到了一条挣脱枷锁、奔向自由的道路。赛琪很快就认定自己是一位超现实主义者，并以超现实风格开始作画。

唐吉在认识赛琪前，也曾在巴黎的沙龙里看到过赛琪的画作，他后来回忆道："凯·赛琪，这是男人还是女人？我不清楚，我只知道他的画非常棒。"唐吉那时已经是一位知名的艺术家了，也是超现实主义创始人之一兼诗人安德烈·布勒东的密友。唐吉被赛琪深深吸引，为此他甚至结束了与极具影响力的艺术品经销商和收藏家佩吉·古根海姆的热恋。赛琪对唐吉放荡不羁的风格欣然接受，但布勒东和他的圈子并不欢迎唐吉的这位新情人。他们觉得赛琪是位傲慢的公主，并拒绝承认她超现实主义者的身份。尽管受到如此冷遇，赛琪仍然认定自己是超现实主义者，无论有没有得到所谓的正式的承认。

唐吉在圈子中非常受欢迎，在超现实主义者中拥有众多的忠实拥趸。他的灵魂古怪而有趣，在派对上经常耍吃蜘蛛的小把戏；他梳着莫西干式的发型，每根头发似乎都有自己的想法，这种装扮我们现在称之为朋克。作为一名自学成才的艺术家，唐吉以心灵景观为超现实主义做出了巨大贡献，这些景观试图描绘出无意识思维。如同其他超现实主义艺术家一样，唐吉对梦境、记忆和压抑欲望的力量十分着迷。他的作品以描绘荒凉的景观为主，他在现实与梦境之间徘徊，将抽象意境与具象实体搭配，达到一种既具体又模糊、虚实相交的境界。萨尔瓦多·达利承认，自己深受唐吉视觉语言风格的影响。

第二次世界大战爆发后不久，唐吉与赛琪移居到了美国康涅狄格州，赛琪大部分成熟的作品均是在此时期创作的。

1940 年，这对情侣步入了婚姻。同年，他们在纽约举办的个展大受欢迎，这让他们成了艺术圈里有名的超现实主义夫妇。他们把一个谷仓改建成共有的工作室，以确保每个人都有独立的工作空间。1950 年，赛琪接受《时代》杂志访问时说："我们俩都很不喜欢团队作画这个想法。"

赛琪对色彩有着独到的处理方式，追求构建超现实梦境，她经常会使用建筑的形式来表达想法，如塔、柱状结构、墙壁、格子状的窗体与横梁。她的画作总给人一种阴郁的、被遗弃的感觉。相比之下，唐吉的作品有着精致描绘的细节和似曾相识的场面及物体。这些物体挣脱了自然的组织结构，以梦幻的方式加以变形，结合成了梦境中的元素。

在 15 年的婚姻中，这对夫妇密不可分，同时又难以避免竞争的意味。他们仅于 1954 年在康涅狄格州哈特福德的华兹沃斯艺术博物馆办过一次联合展览。

后来，赛琪获得了无可置疑的成功：她获奖无数，作品经常被博物馆收购，而且时常受邀参加展览，其中包括由佩吉·古根海姆组织的历史性展览"31 位女性艺术家大展"（爱情的失败显然并没有影响古根海姆对艺术的热爱）。然而，不管公平与否，我们都必须承认无论是在唐吉生前，还是在 1955 年他去世后，赛琪总是处于他的名誉的阴影之中。独留于世时，赛琪由于罹患白内障引发了视力下降和情绪抑郁，作画的频率大大下降。后来，她开始着手保护唐吉的遗产，把他的作品一一存档，分门别类地列出名录。在完成这些工作的几周后，赛琪于 1959 年服下大量药物试图自杀，但幸免于难。几年后，赛琪的状态逐渐稳定了下来，开始重新追求自己的艺术创作并投身于雕塑艺术。1960 年，她举办了一次重大的艺术生涯回顾展。三年后，赛琪对着自己的心脏用力地开了一枪，离开了这个世界。她的骨灰与唐吉的混在一起，两位超现实主义者在布列塔尼海岸的礁石上随风而起，再不分离。这个结局如他们的画作一样，透着奇异的美丽。

南希·霍尔特

&

罗伯特·史密森

1962 ~ 1973 年

　　在罗伯特·史密森和南希·霍尔特的婚姻中，有一个长久存在的"第三者"，那就是美国西部。他们三者是一个密不可分的整体；霍尔特回忆说，当她第一次和史密森在西部广阔的地平线上漫步时，由于心情过于激动，以至于四天无法入眠。霍尔特意识到："辽阔的西部就存在于我的身体之内，它是我内在的真实。我的双眼看到了西部，这使我的内心更为开阔。西部与我融为一体，内外呼应。"史密森和霍尔特的婚姻充满着活力与创意，这激发了他们创造出一种全新的视觉语言。他们的作品在艺术史上留下了浓墨重彩的一笔，也为艺术的创作和展示提供了新的视角。

　　20 世纪 60 年代的纽约有着著名的切尔西旅馆和安迪·沃霍尔的"工厂"，同时还受到了波普艺术家和抽象表现主义者的影响。史密森和霍尔特发现他们正处于激动人心的时代转折点，这是挑战历史的绝佳时机，也是换一种思维方式看待艺术的绝佳时机。当时的艺术界对之前喧闹和商业化的艺术开始了冷静的反思，极简主义和概念主义将是新的趋势。

　　这对夫妇幸运地在这个重要关口来到了纽约。在此之前，他们相识、相知的经历也同样幸运。霍尔特和史密森多年前曾是高中校友，但互不相识。1960 年，霍尔特以学生的身份前往纽约，经一位共同朋友的介绍认识了史密森。自那时起，他们开始了密切的思想交流。

在麻省理工学院学习生物学时，霍尔特还进修了艺术课程。她就像一个融合了艺术和科学的混合体，大大领先于这些学科的主流教育进度。史密森再度与霍尔特相见时，他已经成为纽约的一名艺术家，他觉得自己与霍尔特之间有一种奇妙的缘分，霍尔特能够理解自己的艺术观点。1962 年，霍尔特与朋友一起环游欧洲，不幸的是，她的父母不久后双双与世长辞。同年，霍尔特搬进了史密森在格林尼治村的小公寓，她阅读了大量精神分析学派的书籍，规划着自己未来的艺术道路。1963 年 6 月，史密森与霍尔特结婚，从此他们便像一对磁铁般不可分割，经常深夜在家举办即兴的艺术家聚会。

史密森和霍尔特一致认为，展示艺术必须要脱离美术馆那狭小逼仄的封闭空间。比起用画布或青铜雕塑去捕捉自然世界的复杂和深度，这对夫妇更偏爱用大地本身来表达艺术。他们坚持认为，根据所选择的特定地点和媒介，大地也可以成为艺术作品。霍尔特在大地艺术这个新的艺术领域里缓缓踱步，找寻着自己的道路。相比之下，史密森信心坚定、行动迅速，很快便完成了规模宏大的大地艺术作品。

史密森是大地艺术的创始人，他创作了该流派最具代表性的作品《螺旋形防波堤》（*Spiral Jetty*，1970 年）。在美国犹他州大盐湖边的一片荒凉沙滩上，史密森用推土机将超过 6500 吨的石头倾倒在盐湖水中，创造出一座螺旋形状的堤坝。整条螺旋长约 460 米，宽约 4.6 米，这是艺术史上前所未有的大型作品。史密森对大盐湖边沙滩的惊人干预，表明了大自然广博却脆弱的本质。史密森没有试图通过创造珍贵、精致的艺术品获得永恒的名誉。他尊重自然，事实上，这座与自然合为一体的防波堤在建成之初就已经开始风化"老去"。

史密森被公认是这一时期最神秘的艺术家，他在偏僻之地创作了《螺旋形防波堤》这样的杰作。由于水平面上升，这件作品曾被湖水淹没，消失了几十年。完成这件杰作的三年后，史密森在考察下一个创作地点时遭遇飞机失事，不幸罹难。遇难时，他年仅 35 岁。霍尔特和史密森本该一起慢慢变老，见证他们的作品在自然中的蜕变，见证他们在艺术界的地位和独特意义。可惜，他们仅一起度过了短短十年的幸福生活便阴阳两隔，令人唏嘘。

霍尔特的杰作《太阳隧道》（*Sun Tunnels*）是在她丈夫去世后，于 1973 ~ 1976 年间创作的。在该作品中，四根摆成十字形状的大型工业水泥管组成了隧道。在夏令时和冬令时，观者分别可以在同一直线上的两个隧道口看到太阳从地平线升起及落下。霍尔特在隧道墙壁上钻了一些小洞，这些小洞各自形成了摩羯座、天鸽座、天龙座和英仙座。光线会透过这些小洞，在隧道黑暗的内部产生变动的圆形和椭圆形，在人间重现"星空"。霍尔特对景观进行了排布，用她的想象力把隧道变成了太阳的舞台。她主要关注的是如何展示时间的周期性，将自己的艺术形式与大地融为一体，而非与自然竞争。

大地艺术是一个极具男子气概的流派，这个流派中的主要人物大多是有资金支持的男性，每个人似乎都在暗暗较劲，力争超越他人作品的规模和功绩，不断地挑战更大的风险。霍尔特则反其道而行之，她的作品几乎不留下物理痕迹，采用简单轻松的方式邀请观者以全新的角度观察自然和宇宙。她表现出了作为艺术家的责任感，主张保护而非改变和干预自然。仅凭这一点，她就已经超越了许多忽视环境保护的同侪。

霍尔特的职业生涯悠长而卓越，比史密森的长了 40 余年。丈夫去世后，她未再婚；她说艺术足以让她的生命充盈而满足，看着史密森留下的一切本身就是一种幸福。长期以来，霍尔特一直处在自己溘然长逝的丈夫和其作品的阴影之中；如今，霍尔特的作品终于在阳光下熠熠生辉，成为人们关注的焦点。

玛丽娜·阿布拉莫维奇

&

乌雷

1976 ~ 1988 年

　　在 1976 年 7 月的威尼斯双年展上，一对赤裸的艺术家朝着彼此径直小跑，擦身而过后又重新回到原地，就像两只鼓掌的手。这两位艺术家，一男一女，都很年轻，身形消瘦修长，都有着一头深色的长发。起初，他们只是简单地向彼此走去，轻轻地擦肩而过，就像亚当和夏娃在伊甸园里漫步那样。现场气氛安静，观者听到的是越来越大的脚步声，继而是身体碰撞时骨头和血肉空洞的撞击声。艺术家们重复着这个动作，碰撞越发猛烈，男人甚至将女人撞倒在地。当女人努力站起来时，男人面无表情，默默地转过身去；然后两人继续静默、奔跑、相撞，完成一次又一次"精心设计"的彼此攻击。这部长达一小时的作品名为《空间中的关系》（*Relation in Space*），是一部由行为艺术家玛丽娜·阿布拉莫维奇和乌雷共同完成的历史性作品。

　　在艺术史的殿堂之中，阿布拉莫维奇和乌雷这对恋人所做出的牺牲，也许比其他任何艺术家伴侣都要多。他们共同完成了许多要求极为苛刻的作品，这些作品要求双方在情感、身体和精神上绝对地信任彼此。他们的许多行为艺术作品都让人触目惊心：《AAA-AAA》创作于 1978 年，是一部闪着噪点的黑白视频，在相机的特写镜头下，这对情侣的脸仅仅相距几厘米，两个人在同一时间对着彼此歇斯底里地尖叫。他们的声音嘶哑，脖子上的青筋暴起，眼球凸出。观者的神经承受着噪音的暴力袭击。这对恋人兼合作伙伴有着自己独特的标志：坚不可摧的相互信任、近乎荒谬的奉

献精神和对人际关系不遗余力的探索。他们之间的这段关系持续了 12 年。

　　阿布拉莫维奇于 1946 年出生于南斯拉夫的首都贝尔格莱德。她的父母是在前线浴血过的战士，新政权成立后论功行赏，他们都在政府中身居高位。然而，事业上的成功并不能掩盖父母婚姻关系的动荡，这份动荡给女儿造成了极大的影响。阿布拉莫维奇在生活上被严格控制，接受着军事化的管理，感情上也无法获得自由。幸运的是，她的父母从不吝啬给予她接受教育和感

受文化的机会。乌雷比阿布拉莫维奇年长三岁，真名是弗兰克·尤维·列西潘。
相比之下，乌雷是一个完全自学成才的流浪者，对经典的艺术史毫不在意。
乌雷出生在一个防空洞里，是纳粹士兵的孩子。年轻的时候，乌雷一直因为
自己德国人的身份而内心充满挣扎，因此，他在 1971 年移居到了阿姆斯特丹
并换上了自己的假名。阿布拉莫维奇被乌雷独特、开明的价值观深深吸引，
在初见彼此的那个夜晚，他们便相爱了。他们在床上待了整整十天，阿布拉

莫维奇回忆道："我沉醉在爱意里，动不了，也说不出话。"

　　阿布拉莫维奇和乌雷恪守着公平的原则，约定在布拉格再次见面，因为布拉格位于贝尔格莱德和阿姆斯特丹之间。两人都感受到对方心中深刻浓烈的爱意，于是决意把旧生活抛之脑后，开始新的生活。阿布拉莫维奇离开了曾经的配偶，与乌雷建立起新的家庭，两人、一狗，还有他们不同寻常的居所：一辆雪铁龙面包车。12 年里，这对恋人未曾分离。他们像游牧民般的一起旅行，构思、表演作品。住在面包车里的生活是矛盾的：环境逼仄又清苦，但同时也给予了他们无限的自由。隆冬时分，他们抱着狗，蜷缩着温暖彼此。乌雷回忆说："这可能是我们生命中最快乐的时光。"他们的作品在探索伴侣关系层面既深刻又开明，然而有趣的是，在寻常的家庭生活中，两人各自负责的领域倒是十分传统：乌雷主外，负责赚钱；阿布拉莫维奇主内，负责做饭和打扫卫生。

　　这对恋人的作品将亲密关系之中可能发生的冲突以极端化的方式呈现出来，这与两人的真实感情状况恰恰相反：当彼此间确实出现裂痕时，他们往往选择忽视。他们更习惯于在作品中展现感情中的矛盾。在《夜海之航》（*Nightsea Crossing*，1981 ~ 1987 年）中，他们相对静坐，每天七个小时目不转睛地望着彼此，宛如一幅会呼吸的静态画。乌雷的耐力不如阿布拉莫维奇，他的新陈代谢速度奇快无比，人非常清瘦，长时间的久坐会让他疲

惫不堪。当他再次站立起来时，耐力已经达到了极限：他被打败了，阿布拉莫维奇仍在表演。他们的作品总是很成功，但彼此间的关系却紧张起来。乌雷是一个天生的无政府主义者，成功带来的地位让他无所适从："无政府主义者被安放在殿堂之上，这实在是荒谬透顶。"

阿布拉莫维奇和乌雷忍受了长达三年的不快，最终决定分手。如同当初为了诗意的公平，约定在布拉格见面一样，他们的分手仪式也经过了精心安排：这次，他们决定在中国的长城上相遇。1988 年，阿布拉莫维奇开始从位于渤海之滨的山海关自东向西步行 2500 千米，乌雷则从位于戈壁深处的嘉峪关自西向东步行，两人逐渐向彼此的方向会和，走向一段亲密关系的终结。经过长达三个月的艰难徒步，他们最终在长城相遇、拥抱、亲吻、挥手作别。《情人：长城》（ *The Lovers: the Great Wall Walk* ）是历史上最个性化、最深刻，也最具残忍浪漫气息的行为艺术作品，它见证了一段关系的戏剧性结束。阿布拉莫维奇不愿承认任何形式的失败，乌雷则认为"爱将转变为恨"，这样的两个人从此便不再联络。

近 20 年的沉默过去了，阿布拉莫维奇继续前行，成为世界上最受尊敬的当代艺术家，在国际上享誉盛名，主流艺术也对她表达了前所未有的认可。2010 年，在纽约现代艺术博物馆的回顾展中，阿布拉莫维奇重新设计了与乌雷合作的《夜海之航》，并创作了新作品《艺术家在场》（ *The Artist Is Present* ）。阿布拉莫维奇在表演时每天坐着一动不动，邀请公众坐在她对面，体会并分享沉默的精神联系。对面的人只能与她对视，没有任何身体接触，整个展览共计超过 700 小时。一天，乌雷出现了。他再一次像当初那样，参与到两人以前设计的作品中，坐在阿布拉莫维奇的对面。两人眼中都闪烁着泪花，他们伸出双手，十指紧扣，彼此和解，这一幕传遍了世界。行为艺术可能是某些人难以理解的媒介，但 20 年情感流亡的结束、与真正爱过又分开的恋人达成和解，这些都是直击心灵的有力主题。尽管他们各自保持独立，但他们的艺术和生活都曾紧密融合。阿布拉莫维奇温柔地承认："我们留下了非常美好的作品，这才是最重要的。"

吉尔伯特·普勒施

&

乔治·帕斯摩尔

1967 年至今

　　艺术家吉尔伯特·普勒施和乔治·帕斯摩尔的作品极具争议性和挑衅性。他们将难以启齿或禁忌的对象毫不在意地当作主题；坦荡地直面裸体、体液，乃至粪便。两人的艺术以令人眼花缭乱的方式表达了对宗教、权力、性、政治和皇室的无情嘲弄。

　　然而，这对伴侣的性格和举止，与他们在艺术中传达出来的无政府主义完全相悖。他们像穿着花呢西装的老绅士，躲避艺术界的聚光灯，过着平淡无奇、苦行僧般的乏味生活。作为一对同性恋伴侣，吉尔伯特和乔治是同性恋形象的先驱，这种形象在艺术史上前所未有。然而，他们经常发表与同性恋艺术群体不一致的观点，表达出极端保守的反自由主义情绪。

　　吉尔伯特和乔治特立独行地生活着，1979 年以来便从未去过电影院，和其他当代艺术家也没有共同话题。这两个满口黄色笑话却带着老派绅士作风的男人，创作出了充满争议的作品，并称："我们就是'活体'艺术。"

　　吉尔伯特和乔治都有着贫寒的家境，成长在没有电、热水和体面食物的环境中。1967 年，两人同时就读于伦敦圣马丁艺术学院。出生在意大利、生来就带有浪漫气息的吉尔伯特对来自英国德文郡的乔治一见钟情。吉尔伯特如此描述自己："我就像小狗般地跟着他。"当他们修完高级雕塑课程后，两人创造了一种超前的雕塑形式：身体固定在原地，将自己变成"活体雕塑"。"活体雕塑"的诞生并非是一蹴而就的。起初，吉尔伯特和乔治拍摄下了自己拿着雕塑作品的样子，并刻意隐藏了每件作品真实的创作者；逐渐地，他们拿走雕塑作品，照片中只剩下变成"雕塑"的两人，他们解释说："这是我们最伟大的创意，我们把自己变成了艺术品。"这种灵感的出现可能是因为贫困，他们没有足够的资金去创作其他作品；也可能是出于他们非正统的艺术立场，他们蔑视当时盛行于伦敦艺术界的雕塑语言。

某家画廊以高价买下了吉尔伯特和乔治的作品，虽然两人认为作品的成交价格高得离谱，但仍为此感到高兴，兴高采烈地饮酒作乐。这对伴侣在东伦敦的斯皮塔佛德购买了一座乔治王朝风格的老房子，将其精心修缮成一个私密的小世界。斯皮塔佛德现已成为中产阶级聚集的高档街区，两人正是这里早期的拓荒者。房子里没有厨房，因为他们认为做饭会影响工作。两人每天都按照严格的时间表生活：在同一家咖啡馆吃早餐和午餐，在同一家土耳其餐厅吃晚餐。即使餐厅三个月没有换过菜单，他们也依旧如此。作为该街区的名人，他们自豪地与游客合照、与邮差交朋友，工人们有时会将他们拦下来，诉说自己对两人作品的喜爱。与这种随和相反，两人仍将自己视为不受艺术界欢迎和尊重的人。他们曾与英国当代艺术界最受尊敬的策展人泰特争论得面红耳赤。两人原计划在泰特现代美术馆举办 2007 年的回顾展，但他们认为身为传统的意大利人和英国人，在"不那么老派"的现代美术馆办展览并不合适。与如此有地位的策展人公开争论对许多人来说是不可想象的，然而他们却对自己的直言不讳感到自豪和快乐。

20 世纪六七十年代，吉尔伯特和乔治的创作方向与艺术界的大趋势背道而驰。当时的艺术摄影严格地仅使用黑白二色，而他们则热衷拍摄彩色照片，并将自己融于伦敦的日常景观和物品中。当极简主义统治艺术界时，他们又选择了用丰富的文字和隐喻元素进行创作。当个人表达成为艺术禁忌时，他们不仅表达个人意见，还要求观者回应。这些几乎都是对当时艺术界赤裸裸的抨击。两人的作品言辞淫秽、刻意展露孩子气，这样的方式在 20 世纪 70 年代是前所未见的，直到 20 世纪 80 年代才逐渐出现。在两人相遇的那一年，英国将同性恋行为"除罪化"。正是由于他们一直被传统排斥在外，他们才不断试图脱离世俗。他们拒绝接受大众用"怪异"来形容他们的关系，也鄙视类似"同性恋"这样的词汇，对他们而言，他们的爱情与众不同的地方只是两人的"性别"罢了。当两人被问及是否是同性恋的代言人时，他们表示："我们只是恰好与别人不同。"当被问及是否会像普通恋人一样争吵时，他们则转弯抹角地回答："啊，这是一个典型的异性恋问题！"

吉尔伯特·普勒施和乔治·帕斯摩尔。

　　2008 年，吉尔伯特和乔治终于步入了合法的同性婚姻，这似乎有违他们蔑视权威和传统的常规态度，但他们解释这只是为了保护自己的经济利益。两人的世界是完全开放的：毫不掩饰自己的赤身裸体，也从未隐瞒性取向。他们的世界就好比一块彩色玻璃，你可以透过表面看到下面的一切，不必打破，也不用深究，一切都是坦坦荡荡的。即便被问到万一他们其中之一先去世了怎么办，他们也会快速回击："总有人问万一我们有谁被撞死了，我们该如何是好？我们的回答是：'没事儿！我们每天都是一起过马路的。'" 50 多年来，作为一对"活体雕塑"，他们每天都以吉尔伯特和乔治的身份一丝不苟地表演着，观者是我们，也是这个世界。

约瑟夫·康奈尔

&

草间弥生

1962 ～ 1972 年

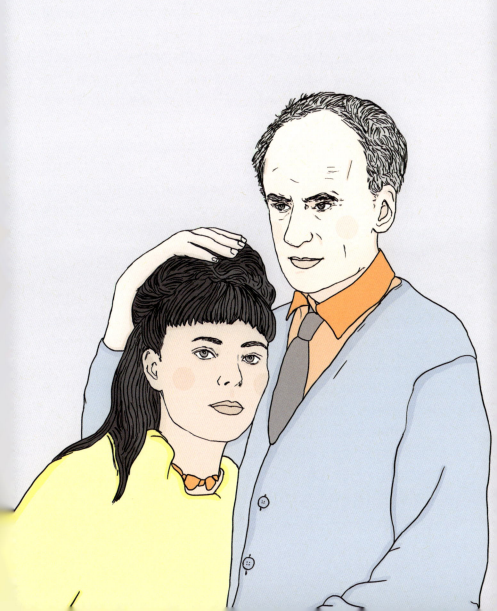

20 世纪 60 年代早期到 70 年代初期的纽约,在整个社会的性意识觉醒如地震般汹涌而来的时候,有两位艺术家之间可能存在着最单纯、最纯洁的浪漫纠葛。这两位艺术家便是约瑟夫·康奈尔和草间弥生。康奈尔在 50 多岁时仍和他的母亲一起住在美国皇后区,也正是这时,他遇到了草间弥生——一位年仅 26 岁的日本艺术家。草间弥生穿着一袭华美的和服,披着及腰的长发,康奈尔对她一见钟情。康奈尔不修边幅的形象起初并没有吸引草间弥生的注意:他看起来比实际年龄更大,衣衫破旧,经常被人误以为是街边的流浪汉。然而,康奈尔以他的才华和浓烈纯真的爱意很快赢得了草间弥生的芳心。

在某种程度上,康奈尔和草间弥生都被视作艺术界的局外人。康奈尔直到而立之年才接触艺术,且没有受过正规教育。他不善言辞,即便是最简单的社交都会让他心生恐惧,更不用说参与艺术家之间的纷纷扰扰了。他是不幸家庭的受害者:弟弟身患残疾,母亲专横霸道;他一直生活在这样的环境里,从未搬离。与康奈尔一样,草间弥生对整个社会都不感兴趣,也不沉迷于艺术界的浮华。自 1977 年以来,她就选择住在东京的一家精神疗养院里。这两位艺术家都不重视金钱,他们被某种比名利更深层、更有力的因素驱使着创作自己的作品。尽管草间弥生和康奈尔对这个世界的追名逐利、蝇营狗苟极为抗拒,但他们如今都已成了现代艺术界最受尊敬的艺术家。康奈尔于 1972 年去世,留下了极为深远的影响。那个时代的艺术家,例如贾斯培·琼斯、罗伯特·劳森伯格和安迪·沃霍尔,乃至今天无数活跃的艺术家,都受到了他长久的影响。而草间弥生在 21 世纪初就已奠定了她的地位,成为世界上颇受欢迎的著名艺术家之一。

草间弥生和康奈尔从不迎合艺术界不断变化的品位,始终坚持自己的道路,在整个职业生涯中致力于创作独树一帜的艺术作品。草间弥生标志性的波尔卡圆点不仅覆盖了其代表作《无限的网》(*Infinity Nets*)系列的表面,还覆盖了展览房间中所有的平面;她的南瓜雕塑也极具辨识度,带有强烈的个人印记。康奈尔是美国第一位超现实主义艺术家,在近 40 年的

波尔卡圆点和南瓜元素已经成为草间弥生作品的代名词，康奈尔则凭借"盒子系列"装置艺术成名。

时间里，他小心翼翼地收集着一些不起眼的事物，并将它们组合在精巧的手工盒子中，使其成为"盒子系列"装置艺术。他的作品材料都是随处可见的废弃物，这些废弃物经过重新塑造，成了他想象中私密的超现实主义空间。

　　每个艺术家都有独特的"差异性"特质。康奈尔就有着浓重的恋母情结，而草间弥生从小便遭受了幻觉和精神疾病的折磨，这些经历都被他们融入了自己的艺术中。解读这些经历，可以让我们更好地理解他们身上的特质。草间弥生于 1957 年抵达纽约，尽管囊中羞涩，一开始还被他人孤立，但从 20 世纪 60 年代中期起，她便开始享誉海外，展览流转各国，引起了人们广泛的讨论。康奈尔虽然从未出门旅行过，但他的作品却透露出对旅行的热切期望，他的作品在世界各地展览，很快为人所知。康奈尔或许有些离群索居，但很多如雷贯耳的名人都曾拜访过他家，其中包括艺术家安迪·沃霍尔、马塞尔·杜尚以及好莱坞明星托尼·柯蒂斯。

　　人人都渴望能拥有康奈尔的作品，尽管康奈尔确实需要经济上的支持，但他很讨厌与自己的作品分离。那些饥如秃鹰的艺术品商人愿意长途跋涉来讨好他，以期求得大作。这就是为什么格特鲁德·斯泰因会在 1962 年带着年轻的草间弥生前往康奈尔家中与他会面的原因。康奈尔曾向斯泰因提过自己想学习绘画，需要一个模特。于是，斯泰因便让草间弥生穿上自己最美的衣服去拜访康奈尔。当天，斯泰因如愿买到了康奈尔的作品。在他离开后，草间弥生和康奈尔画下了对方的裸体。这很有可能是康奈尔第一次看到女人的裸体，尽管那时他已经 50 多岁了。毫无疑问，草间弥生也是他第一个亲吻过的女人。

在草间弥生的自传中，她用了足足三个章节来回忆这个"衰老到令人害怕"却又是"曼哈顿传奇"的男人。康奈尔热衷于给草间弥生写情诗和情书，有时每天多达十几封。他对煲电话粥也非常狂热，每天会花五六个小时给草间弥生打电话，即使在她煮饭或工作时也不会挂断。在草间弥生的描述中，康奈尔听起来就像是一个初次坠入爱河的烦恼少年，他经常问她："弥生，你眼中的我是什么样的？你喜欢我吗？"康奈尔的热情甚至影响到了草间弥生的工作，他一直占着电话线，阻断了草间弥生与经销商和策展人的宝贵联系。草间弥生一度为此感到生气，但她的愤怒很快消弭了，"他身上有种强烈的吸引力，他的作品无可挑剔"。康奈尔一生都极度依赖母亲，年纪越大对母亲越依赖。对处男康奈尔而言，草间弥生代表了神圣的性。他在日记中写道，每当亲吻和抚摸草间弥生的身体时，勃发的是"情欲"。当热情积累到一定程度时，他总是喜欢用法语表达自己的情绪。对于草间弥生而言，康奈尔是一个天才，同时也是一个没有威胁性的男人。尽管艺术家在性方面一般较为开放，但草间弥生从未尝过禁果，仍是处女之身，且对性感到恐惧。

草间弥生和康奈尔的童年都承受了巨大的压力。草间弥生的父亲总爱拈花惹草，母亲因此心生怒火，还经常派她去窥探情况。她就在这种压抑的氛围中生活，深受其害。她不仅成为不幸的传话筒，还被情绪不稳定的母亲拿来撒气。年仅 10 岁时，草间弥生就开始被可怕的幻觉折磨。康奈尔的生活同样不幸，在他 13 岁时，他的天真被现实打碎了：父亲去世，弟弟罹患脑瘫，他不得不一边照顾弟弟，一边养家糊口。康奈尔有着虔诚的宗教信仰，这也进一步压抑了他的性欲。他的母亲对这个古怪的长子一直感到失望，她要求康奈尔对她完全忠诚，且毫不掩饰她对草间弥生的敌意。在看到康奈尔和草间弥生在花园里接吻后，康奈尔的母亲拎起一桶水倒在他们身上，像对待发春的猫一样对待他们。草间弥生身上湿透，倍感羞辱，耳边是康奈尔的母亲在对他们放声痛骂："康奈尔，我跟你说了多少次了！绝对不能碰女人！她们很脏！"

1972年，康奈尔再次开始了电话"攻击"，那时他刚做完前列腺手术，迫切希望见到草间弥生。但草间弥生没有被打动，她告诉康奈尔：萨尔瓦多·达利在想见她时，会派一辆劳斯莱斯来接她。很快，康奈尔就让自己的一位忠实收藏家派了一辆奔驰去接草间弥生来看望自己。这是他们最后一次见面。康奈尔留下了幸福的泪水，他们又一次画下了对方的裸体，正如初次见面时那样。后来，草间弥生回忆：康奈尔疯狂地亲吻她……同年，康奈尔病逝。

在康奈尔逝世的40年后，草间弥生写道："没有人比他的心灵更纯洁。"这段故事的悲剧之处并不在于他们的亲密关系未得到圆满结局，而是康奈尔将一件未完成的作品带进了坟墓。在他生前，他想创作一个"弥生裸体盒子"，但草间弥生并未把自己的照片给他。就像他曾创作过的"盒子系列"装置艺术一样，这样的结局仿佛是一个令人心酸的舞台布景，在这里，康奈尔最终可以自由地摆脱未曾体验过性的身体，与他的草间弥生一起找到欢喜。

卡罗尔·邓纳姆

&

劳丽·西蒙斯

1977 年至今

旁观者通常认为，在一段婚姻中同时存在两位独立艺术家是一个奇特又混乱的场面。这可能源于社会上的普遍观点：艺术家敏感又自我，对世界有着不同的理解；他们通常四处寻找灵感，并将自己奉献给掌管艺术的神灵。我行我素的两个成年人组成了家庭，这种行为看起来非常冒险。艺术家卡罗尔·邓纳姆和劳丽·西蒙斯已经在一起 40 余年了，他们是一对常人眼中"冒险"的夫妇，西蒙斯从事摄影和制片工作，邓纳姆则是一位画家。

独立的活动范围和不同的艺术媒介是两人间关系的保护罩。西蒙斯的工作室里摆满了摄像机、道具、摄影灯、胶卷，每天需冲洗和编辑；而邓纳姆的房间里都是铅笔、颜料、纸张、画布，经常要涂涂抹抹，为画作上色。西蒙斯用镜头与世界沟通，邓纳姆则用画笔与世界交流。能明确自己的艺术领域、保护好彼此的创造性和整体性，是避免艺术家之间竞争与比较的有效方法。

邓纳姆受到西蒙斯早期作品的启发，创作了一系列绘画作品。西蒙斯也深受邓纳姆的影响，两人都从对方的艺术中获得了灵感。这并非单纯的效仿或致敬，旁人无法解释其中的奥妙。每个系列作品的诞生都会经过不断地讨论、修改，将作品中有彼此影子的部分移除后，再以独立的名义展览。他们的艺术领域迥然不同，这使得作品的交融更为迷人。西蒙斯从儿时起就笃定地认为自己将成为一名艺术家；与之相反，邓纳姆则一直怀疑将艺术家作为职业的可行性，他直到 20 多岁才认同自己艺术家的身份。他们都于 20 世纪 70 年代末来到纽约。那时，安迪·沃霍尔和切尔西旅馆已经风光不再，绘画已死，女权逐渐兴起。每个人都在谈论曾被忽视的女艺术家们，女艺术家们似乎永远都保有一种激情，无论其他人在做什么，她们只专注于自己的作品。在当时，绘画已经不合时宜了，人们普遍认为这种艺术形式走入了一条死胡同。概念主义、极简主义、装置艺术和行为艺术作为新的表达方式，占据了至高无上的地位。邓纳姆爬进废弃的绘画残骸，在其中流连忘返，成了绘画的忠实爱好者。他的妻子西蒙斯拒绝绘画不是因为绘画已死，而是因为绘画长久以来一直是男性艺术家的领域。她和年轻一代的艺术家，如辛迪·谢尔曼，不愿在一个排斥女性的领域工作，因而转向摄影。摄影是一种新兴的艺术媒介，不会受到性别或政治的影响。

邓纳姆和西蒙斯在同一个艺术圈参加展览，终于在某次酒局中相遇了。当邓纳姆在 1977 年遇见西蒙斯时，他向她诉说了自己的欣赏之情；而西蒙斯对这样的赞美半信半疑，她更介意的是邓纳姆的身份，仿佛他是敌人的化身——"天呐，他是个画家"。邓纳姆并非是一个一成不变、拘泥于传统的画家，他致力于以扑朔迷离的方式进行创作，风格在抽象和具象之间穿梭。邓纳姆的作品常常引起人们的困惑，他喜欢在木板上创作抽象风格的卡通形象，热衷对男性和女性的裸体形象进行神秘又大胆的实验，邓纳姆对此表示："所有的这些主题都只不过是用来作画的工具。"他的朋友曾试图将他从早期的冒险尝试引导到正统的绘画中，以帮助这位聪明的艺术爱好者适应他们进步的工作方式。

西蒙斯自 1972 年发现古董娃娃屋后，开始创作自己的"娃娃系列"作品。作品第一次展出时，她感到不太适应："我创作了这件耗时耗力的概念性作品，而人们却一直在拍摄娃娃和娃娃屋的内饰。"娃娃是一个对她而言很有力量的主题，在潜意识层面上，这是对她成长的中产阶级犹太社区的隐喻：表面美丽，内在却隐藏着人类生活的所有黑暗面。等时机一到，她便匆匆逃离家庭，去了艺术学校。社区光鲜亮丽的表面和童年时期感受到的压抑，都在她的作品中一一得到了体现。她精心布景，拍摄的照片展示了完美的小型住宅，住宅中配有家具、壁纸和厨房用具，灯光布置得像好莱坞般美丽。最初，她的作品只有黑白两色，之后才改为了彩色，并且加上了女性的娃娃元素。后来，西蒙斯又用成人玩具娃娃和腹语玩偶作为她理想中的社会形象符号。

这两位艺术家的艺术领域截然不同，在他们曼哈顿的公寓和康涅狄格州的家中，都有着各自独立的工作空间。他们一共生了两个孩子，大女儿莉娜·邓纳姆现在已经是著名的作家、演员、电影制作人，是千禧一代知识分子的代表人物，风头甚至盖过了这对奇怪的艺术家夫妇。西蒙斯和邓

纳姆始终在奋力拼搏，以求不被对方的阴影遮蔽。颇具讽刺意味的是，对于大多数人来说，他们现在的身份是女儿"莉娜·邓纳姆的父母"。西蒙斯在女儿突破性电影《微型家具》（*Tiny Furniture*，2010 年）中本色出演；西蒙斯的两个女儿也出演了她的电影《我的艺术》（*My Art*，2016 年）。她们时常在她的艺术作品中出现。西蒙斯极不喜欢人们的偏见，"（人们通常认为）我们的工作会让家庭生活很不接地气。但事实是，我们会吵架，会组装洗碗机，也会讨论谁去接谁之类的鸡毛蒜皮的小事"。

西蒙斯的"娃娃系列"是对世俗中产阶级的隐喻，而邓纳姆的作品则包括对男性和女性裸体形象的大胆实验。

　　在以艺术的方式创造自己独有的空间时，这对夫妇还保持着现实生活中的紧密结合：婚姻、孩子和日常生活。他们相互影响，甚至到了连自己都吃惊的地步。西蒙斯和邓纳姆在彼此的作品中出现的方式是复杂的、潜意识的，并带有符号学的意味。正如邓纳姆所说："当你与另一位艺术家如此亲密地长时间生活后，彼此间自然而然会产生某种对话。"在他们的作品中，邓纳姆和西蒙斯都在探索隐藏的深度、意义的定义及符号和物体真正的价值。没有哪位艺术家能在真空中工作，这段婚姻展示了艺术作品背后牵连的故事。

卡米耶·克洛岱尔

&

奥古斯特·罗丹

1882 ~ 1893 年

卡米耶·克洛岱尔是一位神童，她在 13 岁时就自己挖黏土，亲手给家人做半身雕像。在 20 岁出头时，她找到了一位令人钦佩的导师，在巴黎接受正式的艺术教育，并在伟大的雕塑家奥古斯特·罗丹创立的工作室里担任助理职务。此外，她的作品在著名的秋季艺术沙龙和独立艺术家沙龙受到重视并得以展出。令人惊讶的是，这一切的成就是在当时剥夺女性合法权利的社会环境里达成的，在以男性艺术家为主导的艺术界中，这简直不可思议。克洛岱尔的故事本应有个美好的开端：她以自己的艺术才能脱颖而出，为后世女性铺平道路。然而，恰恰相反，她的故事带着悲剧性的浪漫，她在艺术史中发出了绝望的呼喊。

克洛岱尔生活的核心，是那个对她来说既是幸福又是诅咒的男人：名望如日中天的雕塑家——比她大 24 岁的奥古斯特·罗丹。克洛岱尔 19 岁时，经导师阿尔弗雷德·布彻介绍认识了罗丹。罗丹对她作品中动人的真实感印象深刻，让她担任自己的工作室助理。克洛岱尔美丽动人、思维敏捷、机智诙谐，在与罗丹合作后不久，两人之间的感情便迅速升温。浓情蜜意之时，他们共同创作了一座爱欲满满、紧紧拥抱着彼此的雕像，仿佛要以这种方式将他们的爱情封印起来。

不幸的是，罗丹遇到克洛岱尔的时间太晚了：他早已有了一位长期的伴侣罗斯·伯雷，还育有一子。他们之间的关系已持续了 20 年，在他还是一个身无分文的艺术家时，伯雷就一直陪伴在他身边。无论他对克洛岱尔有多么强烈的感情，都无法做到将伯雷弃置一旁。因此，罗丹和克洛岱尔的爱情是秘而不宣的，克洛岱尔只能作为罗丹的情妇而存在。这个角色需要相当程度的顺从，因此激怒了这位独立聪明的年轻女士。

罗丹是那个时代备受尊敬和成功的艺术家之一。克洛岱尔从这位大师的创作中学到了很多关于雕塑的知识。同时，罗丹也从克洛岱尔对待作品的感性方法中受益，这种方法强调的是人性与直接。罗丹创作于 1882 年的标志性作品《吻》（*The Kiss*），以及 1890 ～ 1893 年创作的《永恒的偶像》（*Eternal Idol*）都描绘了一对激情拥抱的情侣，折射出他对克洛岱尔的爱。

透过罗丹的杰作《地狱之门》，刚好可以看到卡米耶·克洛岱尔正痴迷地创作自己令人印象深刻的雕塑作品。

克洛岱尔不仅是罗丹的缪斯和灵感来源，而且还参与了许多他极重要的雕塑作品创作，如《地狱之门》（*The Gates of Hell*，1880 ~ 1917 年）和《加莱义民》（*The Burghers of Calais*，1884 ~ 1895 年）。研究表明，罗丹的一些雕塑里有两个人共同创作的痕迹，克洛岱尔很可能就是那位未具名的合作者。

当克洛岱尔努力建立自己的声誉时，罗丹也支持她的独立创作，帮助她参加年度艺术沙龙，尽管当时愿意收藏女艺术家作品的收藏者并不多，但克洛岱尔仍取得了一定程度的商业成功。她是一位思想开明又天资聪颖的艺术家，擅长运用敏感的抒情手法反映与人类命运相关的重大问题。克洛岱尔经常以古典神话，或其他描述自己情感状态的主题为素材进行创作。克洛岱尔在 1893 年的作品《克洛托》（*Clotho*）中，以"命运三女神"的主人公之一克洛托为灵感，刻画了这位手持命运丝线，决定人类生死的女神。在克洛岱尔的手中，命运三女神中最年轻的克洛托被重塑成一位年老的妇女，她由于时间的流逝和掌控命运的权柄而倍感压力。

罗丹邀请精英圈子中的赞助人和评论家来欣赏克洛岱尔的作品，他们本该认识到克洛岱尔足以堪称艺术家，因为她足够优秀而且是布彻的门下高足（布彻曾与著名艺术家莫蒂里安尼和马克·夏加尔一起工作），并且受雇于罗丹的工作室。然而，这些赞助人和评论家看到的只有她的性别，只关注于寻找她受罗丹影响的证据。克洛岱尔被困于罗丹的阴影下，无法挣脱。两人之间的关系也开始变得动荡，她对自己只能得到罗丹指缝里漏出的少许爱感到愈发失望。1886 年，罗丹签署了一份克洛岱尔起草的合同来安抚她的情绪。这份合同明确禁止罗丹与其他任何人结婚，或与其他女性助理有染。一封克洛岱尔写给罗丹的信揭示了他们爱情愈加不稳定的现实，信的开头这样写道："我残忍的爱人，坦率地说，有些时候我很想离你而去。但就在试图抽身的那一瞬间，我又能感受到你那可怕又致命的吸引力。请怜悯一下我吧，我这可怜的女孩。"经过十年的纠缠，克洛岱尔下定决心，抽身离开这段感情。

　　克洛岱尔开始痴迷于工作，在分居的早期，他们还保持联系。她的杰作《成年》(*The Age of Maturity*，1898 年)很容易让观者联想到她与罗丹，以及罗丹长期伴侣伯雷之间令人痛苦的情感纠葛。当克洛岱尔 30 多岁时，情况越来越悲观：母亲得知了她的婚外情，其他家人也不支持她。克洛岱尔开始觉得，罗丹和他的团队正在破坏自己的职业生涯。《成年》就是这种心情的体现，而这件原本要展出的青铜作品不知何故被政府委员会取消了展出资格。也许这件雕塑的内在含义令罗丹感到尴尬，但我们无法确定他是否干涉了克洛岱尔的作品展出。对保守的政府委员会成员来说，这部作品或许太过于性感，而且它是由一个没有正式签约工作室的未婚女性所作。

　　克洛岱尔陷入了贫困，精神状态的不稳定和偏执让她的艺术创作趋于停滞。她狠心地砸毁了自己的大部分作品，如隐士一般过着清苦的生活。1913 年，在她父亲去世后不久，克洛岱尔的家人将她送入了一家精神病医院，她被迫在那儿待了近 30 年。可悲的是，医生认为在经过最初的几年治疗后她便可以出院，可是她的家人却不愿对她负责。据说，罗丹多年来一直给她寄钱，但不敢见她，唯恐再度成为她的攻击对象。1943 年，克洛岱尔在一个救济所孤苦而死，被草草葬在公墓中。战争结束后，她的侄子想寻找她的尸体迁回家墓入土为安，但她的遗体早已难寻其踪。

　　近几十年来，克洛岱尔跌宕起伏又极富戏剧性的一生被改编成了多部小说和电影。现在，克洛岱尔终于作为一名天才艺术家，得到了人们的认可和尊重。2017 年，克洛岱尔的家乡为她开设了一座博物馆，她尚存于世的 90 件作品中的一半陈列于此。尽管她的遗体不知所踪，但她的艺术遗产有了一个严肃意义上的家。

莫德・亨特・斯奎尔

&

埃塞尔・马尔斯

约 1898 ~ 1954 年

格特鲁德·斯泰因是一位进步作家、思想家和艺术收藏家，当我们回想其主办的周六之夜沙龙时，最先浮现在脑海中的是意气风发的亨利·马蒂斯或巴勃罗·毕加索。但是，如果有幸回到 1907 年前后的巴黎，我们还会邂逅两位历史上不那么有名的艺术家：埃塞尔·马尔斯和莫德·亨特·斯奎尔。斯泰因爱收藏艺术品，也爱欣赏佳人，在同性恋被西方社会视为禁忌的当时，她却与一名女子保持着亲密关系。斯泰因精心策划了一场盛宴，参与者有艺术家、诗人、作家、哲学家等，其中就包括马尔斯和斯奎尔。

在 1910 年的一首短诗中，斯泰因赞扬了弗尔小姐和斯基恩小姐的 "gay"（同性恋）生活，这两个名字都是假名，斯基恩是斯奎尔的绰号。斯泰因的这首诗无形中创造了历史，这是文学作品中第一次用 "gay" 来描述同性伴侣关系（"gay" 之前多表示愉快、快乐）。那时主流文化并不知道 "gay" 背后的含义，于是斯泰因隐晦地以开玩笑的方式赞美那些来巴黎 "培养什么" 的女性。这首诗后来于 1922 年在《名利场》杂志上发表，但直到 21 世纪，因这篇诗文而不朽的艺术家们，才被重新发现并受到人们的拥护。

19 世纪 90 年代初，马尔斯和斯奎尔初见于辛辛那提艺术学院。她们完成学业后，成了纽约的童书插画师，其间曾多次为工作远赴欧洲。1906 年左右，她们最终沉溺于巴黎的无尽魅力，加入了艺术移民的浪潮，享受 "光明之城" 的不拘一格和前卫之势。两位艺术家将头发染成了红色或亮橙色，浓妆艳抹，这在那个时代十分罕见。显然，她们很享受这种自由且充满创意的环境，并在巴黎为自己赢得了一席之地。两人绝非一时兴起，她们不仅有着活跃的创造力，还有着聪明才智，足以跻身于斯泰因那个需要高修养和进步精神才能进入的圈子。

马尔斯和斯奎尔承诺将一起度过余生，她们有时会在工作上合作，并常以破格的举止为乐，但在艺术实践上她们是各自独立的。1904 年访问慕尼黑期间，马尔斯学会了如何创作彩色木版画，之后她创作了一系列形式简洁、线条粗犷、色彩浓烈的油画和版画作品。木版画非常适合在工作室内完成，这对女性艺术家很有吸引力，因为她们可能会抗拒或没有适当的途径去接触光刻（需要工业级别的工作室）和蚀刻（存在对人体有潜在危害的酸性物质）。

马尔斯并不藏私，她大方地教授艺术家朋友如何制作木版画。她在巴黎期间的作品《尼斯》（*Nice*，约 1903 ~ 1911 年），借鉴了马蒂斯和爱德华·维亚德的风格，以强烈的造型赋予画面一种幽默感。在这幅掠影中，马尔斯毫不费力地捕捉到了两位正在散步的女士，侧面视角营造出我们正从她身边走过的错觉。其中一位看起来年轻、优雅、时尚，另一位年长的女士则逊色一些，两人周围环绕着棕榈树，画面呈现出马尔斯标志性的大胆造型和生动色彩。

斯奎尔则聚焦书籍插画和彩色蚀刻。其作品《沙滩之上》（*Am Strand*）同样描绘了尼斯这座城市，但画中人物更多，与马尔斯的木版画相比，斯奎尔的作品显得更无拘无束、更广阔。斯奎尔并没有聚焦于某个人、某个故事，而是呈现了一个典型的海滩场景，人们在海中游泳，在沙滩上休息，或看着孩子们跃入水中。斯奎尔先用铅笔快速勾勒出造型，再水洗上色完成整个画面。

两位艺术家的作品吸引了众多关注。马尔斯成为法国美术协会的成员，定期在巴黎和美国展出作品。她的作品还入选了法国秋季艺术沙龙，她也被选为该沙龙国际艺术评审团的一员。她在家乡和巴黎售卖自己的作品，并成为法国秋季艺术沙龙和漫画家协会的成员。不仅如此，马尔斯还拥有法国漫画家协会的投票权，有权参与决定协会成员和办展人选。当然，她也有机会展出自己的作品。

随着第一次世界大战的爆发，马尔斯和斯奎尔作品中无忧无虑的生活方式，以及她们享有的艺术和社会特权不复存在。马尔斯起初成了一名救护车司机，但出于安全考虑，她们还是回到美国，并在马萨诸塞州普罗文斯敦的艺术家聚居地找到了新的精神家园。两人的出现进一步吸引了其他艺术家，因为她们那时都已在国际上享誉盛名。她们与布罗·诺德菲尔德、布兰奇·拉泽尔和埃德娜·博伊斯·霍普金斯共同尝试了一种全新的版画技术，将欧洲立体主义和野兽派风格与朴素的日本版画结合在一起。

20 世纪 20 年代，马尔斯和斯奎尔在后来著名的"普罗文斯敦版画"上留下了自己的印记，后搬往法国里维埃拉的旺斯——另一个艺术家避风港。她们在那里创作版画和油画，并合作为童书绘制插画，直到 20 世纪 30 年代退休。其间，她们只离开过一次——去格勒诺布尔躲避第二次世界大战的战火。战争结束后，她们在旺斯度过了余生。毫无疑问，她们很享受自己在巴黎的青葱年华，以及那些颇具争议的装扮和行为。1954 年 10 月 25 日，斯

奎尔离世；1959 年 3 月 23 日，马尔斯追随她的终身艺术伴侣、朋友和情人而去。

　　21 世纪以来，马尔斯和斯奎尔的作品重新引起了人们的关注，并在各种展览和博物馆中展出。如今，她们理所当然地在艺术史中占有一席之地，不仅因为她们与众不同的生活方式，还因为她们用一生对艺术和彼此做出的承诺。

弗朗西斯·洛林

&

弗洛伦斯·威尔

约 1903 ~ 1968 年

被称为"那对女孩"的弗朗西斯·洛林和弗洛伦斯·威尔，是加拿大雕塑界举足轻重的两位大师。尽管是为了表示亲切，但"那对女孩"这个称呼还是有误导性的。对于两位已80岁高龄且对待艺术充满热情的女士来说，这样的称呼略显轻浮。但是在普通词汇无法准确描述的时候，"那对女孩"无疑还算是一个有用的词。当时，并没有专门用于形容同性伴侣的词汇；那是危险的禁区，所以她们微妙的关系就安全地藏在"那对女孩"这样的称呼里了。我们很容易想当然地认为，两个成年后一直生活在一起、从未结过婚、穿着男装的女人是同性恋。然而，洛林和威尔从未用这些词描述过自己，对自己的私生活缄口不提，即使在"那对女孩"离世后，她们身边的密友也延续了这种态度，保持缄默。虽然我们也许对她们的私生活永远一无所知，但更为重要且毫无疑问的是，洛林和威尔是彼此生命中最重要的人。她们打破了性别的刻板印象，她们的羁绊、友情和爱意之深沉，从她们一生携手相伴从未离弃就可见一斑。

1920～1950年是洛林和威尔的事业巅峰，当时的欧洲和美国正处于现代主义的阵痛之中，而加拿大是一个年轻的国家，艺术圈并不大，她们将古典雕塑引入多伦多，并树立了一个新的行业标准。这一举动意义重大，但她们的成就绝非轻易而得，甚至一生都没有得到充分的认可。20世纪初，加拿大艺术界仍然认为雕塑是一种远比不上绘画的艺术形式。雕塑的制作成本高，展览机会少，是一个几乎完全依赖于微薄佣金维系艺术家生活的艺术门类。对于洛林和威尔这样的女性雕塑家而言，情况更为严峻，因为男性是当时艺术界的主宰。

当然，这种情况不仅仅出现在加拿大，她们在美国也曾受到性别歧视。1903年，威尔被芝加哥艺术学院录取，她的作品显然给人留下了深刻的印象。当她读大四时，一群赞助人看到了她的作品，询问这位艺术家是否愿意接受委托。然而，当他们发现威尔的性别时，他们退缩了，感到尴尬，不敢冒险。这类经历无疑坚定了威尔的女权主义立场，这也是她从小的态度。1881年，

弗朗西斯·洛林半身像。

威尔和双胞胎兄弟出生在伊利诺斯州。她的父亲重男轻女，十分严厉，对艺术丝毫不感兴趣。威尔坚持走自己的路，与社会对女性的期望背道而驰。

　　洛林于 1887 年出生于爱达荷州，比威尔小六岁，她的童年时光与威尔截然不同。她的父亲受过良好教育，重视艺术且尊重女性。洛林在年纪尚轻时曾在欧洲各地生活，13 岁时在瑞士爱上了黏土，后在日内瓦高等美

弗洛伦斯·威尔半身像。

术学院学习雕塑。洛林 20 岁时，随家人回到美国，进入芝加哥艺术学院学习，并遇到了时任教师的威尔。种种原因让她们最终走到了一起，成了"那对女孩"。威尔克服了专横父亲对她艺术热情的反感，在经济上自给自足，从同龄人中脱颖而出，获得教职。洛林十几岁时辗转于欧洲各国，并在合适的瞬间闯入了威尔的世界，成为她的学生。

　　她们没有辜负上天赐予的缘分，1911 年开始在纽约格林尼治村一起生活。格林尼治村对先锋派充满吸引力，而在保守主义者眼中，它是伪装成艺术工作室的放荡巢穴之一。在纽约艺术界飞速发展、激动人心的时期，"那对女孩"不顾父母的担心和反对，不断进步，创作出了各自关键的作品。然而，洛林的父亲无法忍受她们那些放荡不羁的丑闻，趁她们不在家时，清空了她们的工作室和公寓，给她们的纽约时光画上了句号。

颇具讽刺意味的是，正是这种父爱的入侵导致威尔和洛林转而定居多伦多。那时洛林的父母住在加拿大，洛林的父亲以替两人的工作室出资为条件，劝诱她们搬家。威尔和洛林很快安顿妥当，新家不断收到艺术家和音乐家的电话，热闹非凡。艺术家的收入并不稳定，因此她们也曾遭遇经济上的困难，但一直是慷慨的主人。洛林被威尔亲昵地称为"奎妮"，自信外向，喜欢身穿丝绸，裹着异域风情的披肩。而威尔则保守谦恭，更喜欢穿衬衫打领带，总是一头短发。

同样，她们的雕塑作品也殊为不同。威尔倾向于朴实、富有同理心、安详宁静的风格，而洛林创作的作品则更有力量，仿佛有着永不休止的活力。两人的创作方式截然不同，但她们对雕塑的炽热激情将彼此坚定地团结在一起，她们坚信雕塑是自古希腊以来最高级的艺术形式，却可耻地被她们所栖身的艺术界忽视。威尔和洛林在漫长的职业生涯中始终经济窘迫、缺乏认可，但也一直保持着自己的热情和固执，因此她们的到来仿佛为加拿大的艺术界带来了一缕阳光。

上了年纪后，她们的身体每况愈下，作品也过时了。在崇尚现代作品的趋势下，她们被忽视了：她们热爱古典艺术，不太喜欢像亨利·摩尔这样的抽象主义艺术家，她们在看到用非传统材料创作的雕塑时甚至大为惊骇。人们很难将 80 多岁高龄的她们视作时代先驱，但那些真正了解她们的人，不会忘记她们的成就。尽管威尔和洛林的身体不便，但她们仍不愿麻烦别人照顾自己，并且一直创作到生命最后的几个月。她们从未宣布自己的性取向，但两人的离世却显得有些浪漫。1968 年，活力十足的威尔和洛林在共同生活了近 60 年后相继离世，中间仅仅相隔三周。

亚历山大·罗德钦科

&

瓦尔瓦拉·斯捷潘诺娃

1910 ~ 1956 年

今天，每个西方艺术家或许都有自己的政见，但没有推动力促使他们在自己的作品中表现政治。艺术完全可以独立于政治，快乐地存在。但在100 年前的俄罗斯，情况并非如此。如果消除亚历山大·罗德钦科和瓦尔瓦拉·斯捷潘诺娃夫妇作品中的政治隐喻，就等于抹杀了他们共同生活和艺术创作的意义。

罗德钦科和斯捷潘诺娃于 1910 年在喀山艺术学校相遇，由此开始了亲密无间的合作。他们的作品不仅是为了自己，通常是为某些更宏大的目标服务。1916 年，两人搬到莫斯科居住，但直到 1942 年才结婚。他们爱情的时代背景，是有着近 200 年历史的绝对君主制（俄罗斯帝国）行将就木时的动荡不安。1917 年的俄国革命改变了世界的秩序，对于数百万农民阶级而言，一切都不一样了，他们成了新的英雄，从旧制度中破茧而出。罗德钦科于 1891 年出生，母亲是一位洗衣工；三年后，斯捷潘诺娃出生于一个穷苦的农民家庭。因此，这两位艺术家很清楚，布尔什维克和列宁是为了消灭什么而奋斗。

俄罗斯先锋派试图用新的形式表现从旧时灰烬中焕发新生的社会，充满了活力和激情。1917 年，斯捷潘诺娃开始创作抽象诗歌，她的叙述表现了人们对旧世界秩序的强烈反抗。其诗歌不是基于文本，而是基于视觉效果——文字的选择仅仅是因为其发音或外形。她消除了阅读的必要性，让人们通过视觉和听觉来体验她的诗歌。在那时的照片中，斯捷潘诺娃一头短发、棱角分明，展现了中性的艺术家形象；罗德钦科也把头发剃得极短。在他们的生活和艺术中，无谓的装饰和激动从未占据一席之地。他们自称"创造者和反叛者"。

1918 年，斯捷潘诺娃以手稿的形式发表了她的实验性作品。本质上，她是在创作独特的图形艺术，打破了写作和视觉艺术间的樊篱。同年，罗德钦科创作并展出了"黑上黑"系列的八幅画作，直接回应了艺术家卡齐米尔·马列维奇同年绘制的白色画作。斯捷潘诺娃盛赞伴侣的作品超过前辈，并揭露了竞争的本质："这些黑色作品的高明之处是它们没有颜色，因为纯粹的绘画而强大……除了绘画什么都没有。"马列维奇的作品被认为是绘画的终结:通过剥夺主题,进入抽象的精神领域,达到巅峰。与之相反,罗德钦科拒绝将精神性作为艺术的新目标,而是将注意力集中在绘画的具体素材上,剥离轮廓、颜色、表面、纹理和形式。构成变成了新的组成部分,故而人们用"构成主义"来定义罗德钦科及先锋派的作品。

罗德钦科和斯捷潘诺娃一直在研究艺术是什么以及应该是什么,并从萌芽阶段逐渐成长起来。在那段时间里,他们力图让晦涩难懂的作品仍然植根于艺术世界,但似乎并没有取得进展。直到 20 世纪 20 年代,两位艺术家仍致力于寻找一种方法,希望通过艺术促进社会进步,并切断自己与纸上谈兵的画廊和博物馆之间的关系。他们转向设计领域,将政治和艺术统一起来,创造一些日常生活中真正有意义和价值的东西。1921 年,这对夫妇成了首个构成主义团体的关键人物。罗德钦科回忆道:"我们有一个关于工业、技术和科学的新世界的设想。我们一边创造,一边改变着我们周围的世界。我们书写了美的新概念,并重新定义了艺术本身。"

在当时的苏联,罗德钦科已是家喻户晓的人物。1920 年,他被任命为新建博物馆体系的负责人,从现已解体的精英阶层中汲取艺术,然后将其展示给公众。他收购了近 2000 件现代艺术作品,并在苏联各地开设了 30 家博物馆。艺术是新社会的基石,它现在终于掌握在群众手中,不再是富人的消遣。罗德钦科的平面设计作品促进了苏联设计理论和成果的发展,时至今日,仍然非常时尚且具有影响力。在他创造的艺术语言中,有一些开创性、喧腾又激进的内容引起了人们的共鸣。

在某些方面,斯捷潘诺娃甚至比罗德钦科更成功,比如用艺术为公众谋福利。20 世纪 20 年代中期,斯捷潘诺娃开始从事纺织品设计工作,共设计了约 150 种引人注目的几何图样,其中 20 种被大规模批量生产。1928 年的标志性"工业艺术"作品是一套男女通用的运动服,展示了其设计方法中本质的真诚。斯捷潘诺娃崇尚简洁性、功能性和材料本身。她仔细思考了人的身体是如何移动的,以及服装该如何发挥最大的作用。反过来,她还思考服装如何才能获得主人的尊重。我们可以通过关注服装的接缝、编织式样和其他构成特征，了解这件作品是为何而诞生的。如今，斯捷潘诺娃被公认为先锋艺术家，这不仅是因为其前瞻性的设计，还因为她是一位倡导可持续发展的设计师，她对环境的关注比现代社会要早几十年。

渐渐地，斯捷潘诺娃不再把自己视作艺术家，而是艺术工程师或"生产主义"，旨在接触最广泛的受众，并为苏维埃社会的发展出一份力。她和罗德钦科堪称不折不扣的理想主义者，为了心中公平和平等的事业，他们可以牺牲一切。罗德钦科访问巴黎时，给斯捷潘诺娃写信，他为西方对妇女的态度感到极度震惊："西方将女性物化……每一个男性都是独立的人，而女性都不是人……你可以对她们为所欲为。"罗德钦科和斯捷潘诺娃过着颠覆性别规范和社会期望的生活，并相信所有人都有权享受这种生活。

构成主义的实验不到十年就草草收场。20世纪30年代，在苏联能够幸存下来的艺术家和作家寥寥无几，其中就包括斯捷潘诺娃和罗德钦科，他们的适应能力很强，天性乐观，能从彼此身上获取力量。1943年严冬，他们在莫斯科的公寓里，把罗德钦科的雕塑付之一炬，让人感到惋惜。艺术是他们活下去的精神支柱，在那个室外温度低至零下30摄氏度的夜晚，他们亲手摧毁了这一切，至此，他们已坚守艺术梦想许久。20世纪30年代，罗德钦科转行成为一名摄影师，在西方获得了极高的声誉。1956年，他与世长辞。斯捷潘诺娃难以从失去爱人的悲痛中振作起来，不久后也去世了。尽管他们在爱情中非常平等，但在当时的人们看来，斯捷潘诺娃仍是一个默默无闻的人。近一个世纪后，我们的社会才跟上这位生活和艺术理念上的先驱的脚步，她的行动主义和可持续发展理念引起了强烈的共鸣。

瓦尔瓦拉·斯捷潘诺娃设计的男女通用运动服，展示了她引人注目的几何设计。

妮基·桑法勒

&

让·丁格利

1960 ~ 1991 年

1960 年，妮基·桑法勒和让·丁格利在巴黎结为夫妻，并很快被誉为艺术界的"雌雄双侠"。他们活出了那个时代的波希米亚精神，并且将性自由和革命精神融入了他们的生活及作品中。两人因爱结缘，但久处不厌的原因，还是艺术。桑法勒和丁格利是艺术史上不寻常的伴侣之一，因为他们无论是在私人生活中，还是在面对公众时，都是完全平等的。作为独立的艺术家，他们无须忧虑自己是否会盖住对方的光芒。他们合作完成的作品虽然被视作一对已婚夫妇的杰作，却保留了个人的完整性。

当桑法勒和丁格利第一次见面时，很难预测他们的合作是否成功，因为他们似乎极不可能走到一起。丁格利来自工人阶级家庭，作品以运动、金属和亲手创造的物理机械为中心。桑法勒则来自贵族家庭，她多彩的作品来源于自己感性且充沛的情感。两人是如此不同，却对彼此有着深厚的信任。奇妙的是，他们从童年时代就缺失信任，而恰恰又是信任将两人紧密地融合在一起，维系着他们断断续续的爱情生活。

1930 年，桑法勒出生于法国一个家教严格的天主教贵族家庭，父亲是一位银行家，母亲是一位工作不太稳定的美国女演员。桑法勒在纽约长大，会说两种语言，天性自由、固执：她因在学校将雕像关键部位的无花果叶子涂上鲜红色的颜料而被开除。桑法勒 18 岁时，与童年好友亨利·马修斯私奔，并在 20 岁时生下了第一个孩子。当第二个孩子出生时，她变得反复无常，精神也不太健康。后来桑法勒在自传中透露，从 11 岁起父亲就对她进行性侵。在精神病院接受治疗时，医生鼓励她把画画作为一种辅助的治疗方法，这改变了桑法勒的人生轨迹和意义。

丁格利比桑法勒年长五岁，出生在瑞士的偏僻小镇，是一个工人阶级家庭的独子。他厌恶父亲的专制，并希望尽自己所能早日离开这个家，终其一生都不畏权威。丁格利怀着成为一名艺术家的抱负，16 ~ 20 岁就读于艺术学校。他深受马塞尔·杜尚"现成物"艺术的影响，信奉一切反主流文化的事物，年轻时他还曾参加了无政府主义的游行。尽管丁格利为无秩序、无政府摇旗呐喊，但他下定决心要功成名就。1951 年，他和新婚妻子艺术家伊娃·艾普里定居巴黎。

20 世纪 50 年代中期，桑法勒和丁格利找到了自己的艺术知音，并通过一群受杜尚启发的艺术家——新现实主义者——认识了彼此，进入对方的生活轨道。他们在巴黎这个令人陶醉的前卫艺术之都相遇，当时两人都担心自己会变成资产阶级，婚姻不幸，无法实现心中向往的充满创意的狂野生活。1960 年，这些担忧和他们对彼此的强烈感情，促使桑法勒离开她的丈夫和年幼的孩子，搬去与丁格利同居，在此不久前丁格利也刚与妻子离婚。桑法勒和丁格利的结合是在各自失败的婚姻后开始的，两人的性格背道而驰，却同样自负，因此这段关系从一开始就动荡不安，但这却为他们各自达到新的艺术高度打下了坚实的基础。

他们艺术实践的方式有颇多不同之处。桑法勒创作了一系列射击艺术，这是一种集偶然和行动于一体的艺术形式，她先在麻袋中装满颜料，再在麻袋的外面裹上一层画布，然后用步枪对其进行射击，让颜料迸射而出，借此宣泄她对父亲的不满。另一方面，丁格利则更接近于工程师，他用捡来的金属慢慢地、小心翼翼地创作动态雕塑。当然，两人的艺术实践也有共同的立场，即对当前流行趋势和态度的反叛：桑法勒以暴力、荒诞的手法，用枪创造出了类似绘画的效果，借此抨击纽约男性抽象表现主义艺术家们神一般的地位；丁格利则对于工业化的兴起和手工技艺在社会中的消亡表达了悲观的态度。两人都是表演艺术的早期倡导者：桑法勒创作射击艺术和诡奇的大型雕塑；丁格利则将雕塑和运动巧妙地结合起来，创造出可以自我毁灭的动态雕塑。

妮基·桑法勒经常用枪对着放在画布上的颜料袋开火，用暴力手段作画。

　　桑法勒和丁格利的联合作品以共同的抱负和热情为纽带，承载着两种伟大的自我和两种方式迥异的艺术实践。1966 年，他们在瑞典斯德哥尔摩的现代美术馆共同创作了一件巨型雕塑《她》（*Hon*），作品外观是一个平躺着的女性，入口位于雕塑的双腿之间。在所谓的"子宫"里，设有服务酒吧、游泳池、剧院和一个动态雕塑，丁格利轻描淡写地将其称为"高潮机器"。如此大胆的规模、令人印象深刻的壮举和公然的挑衅，任何艺术家都无法独自完成。

　　桑法勒和丁格利在一起十多年后，于 1971 年结婚。这段婚姻使他们终身受益，他们永远不会离开彼此的世界。然而，他们绝非传统意义上的资产阶级夫妇，他们各自都有情人，从不是一夫一妻制。但如果对方不同意，他们就会与情人断绝来往，他们的伴侣关系就是这么激进。他们关注的不是伴侣对爱的忠诚，而是对艺术的忠诚；他们会争吵，也会坚定地支持彼此，更是对方重要的合作者。他们的结合就像潘多拉的魔盒，饱受痛苦，却能无穷无尽地革新，创造出强有力的作品。

李昂·戈拉伯

&

南希·斯佩罗

约 1949 ~ 2004 年

美国艺术家李昂·戈拉伯和南希·斯佩罗被誉为"艺术界的良知"。他们以一种毫不留情的方式,大声斥责滥用权力、政治腐败、性别不公和社会虚伪的沉疴。他们作品的画面充满倔强的挑衅,令人不安,如血迹斑斑的身体、屠戮成性的战争机器,以及愤世嫉俗的破碎灵魂所发出的声音。他们不断追问,艺术家应该以什么角色去面对社会不公、暴力战争和腐败的权力体系。他们是早期的激进艺术活动家,并且在过去的半个世纪里一直忠于这项事业。

尽管戈拉伯和斯佩罗的作品中充斥着恐怖的不和谐,但两人的生活却很和睦,有着抚慰人心的温暖。不知何故,他们作品中的愤怒并没有让位于现实世界中的虚无主义,两人幸福地生活在一起,拥有一段琴瑟和鸣、举案齐眉的婚姻。虽然两人独立创作,但他们对彼此的艺术了如指掌,是品评对方作品的权威和批评家。采访显示,他们相敬如宾,这似乎不仅不符合他们暴力不安的艺术风格,也与他们冷静的举止格格不入。与之前的大多数激进分子一样,他们也身穿黑色制服:斯佩罗留着精灵般的短发,戈拉伯则顶着光头。他们摆出摇滚明星般的姿势照相,神情凶猛而严肃。他们的艺术绝对与轻浮无关,对他们而言,艺术既是面对人世苦难的战斗口号,也是释放心中痛苦挫折的灵丹妙药。两人能享受私人生活的和谐,在一定程度上是由于他们小心翼翼地远离了他们眼中并不友好的艺术世界。

20世纪40年代末,戈拉伯和斯佩罗在芝加哥艺术学院学习时相识。戈拉伯是战争中幸存的年轻士兵,退伍后,他选择回到学校学习艺术。两人毕业后,于1951年结婚,当时的艺术界推崇抽象表现主义,这种艺术现象表现的是自我,完全不涉及政治。同时,艺术界被大型抽象画和更大的男性自我所主导,雕塑和女性则被边缘化了。在雪松酒馆等艺术中心,女性仿佛在烟雾缭绕中失去了赖以生存的氧气。斯佩罗目睹了女性艺术家被忽视的现状,尤其是著名画家的妻子李·克拉斯纳和伊莱恩·德·库宁。戈拉伯和斯佩罗均对当时的艺术氛围保持缄默。戈拉伯的绘画以人类的形

戈拉伯用艺术批判越南战争。

体和故事为中心，他担心自己在这个痴迷于抽象的时代，永远不会受到重视。但两人并没有为了跟随权威放弃自我，而是离开纽约，与过去伟大的艺术思想交流，在欧洲创建自己的天地。1959 ~ 1964 年，这对艺术家在意大利和巴黎抚养着两个幼子，并有了第三个孩子。他们在欧洲的时光几乎都是在博物馆里度过的，快乐超脱。他们从古罗马和伊特鲁里亚的象征艺术中获得了巨大的灵感，这些象征艺术以权力和暴力为主题，主宰了他们的现代生活。

1964 年两人回到纽约，不断升级的民权运动和激烈的越南战争充斥着每晚的新闻，这让他们感到美国在其中并不是无辜的。斯佩罗回忆道："当我们从巴黎回来，看到我们卷入了越南战争，我意识到美国已经失去了它的光环，也失去了它声称'我们是多么纯洁'的权利……我意识到作为美国人，我们是多么罪孽深重。"在这一时期，戈拉伯和斯佩罗对这些动摇国之根本的事件感到极度沮丧；也正是在这一时期，他们各自创作出了重要的作品，成了先锋艺术活动家。他们在拉瓜迪亚广场租了一个大工作室，并用一堵墙将空间分隔成两个独立的工作空间。虽然这对夫妻形影不离，经常会围绕社会责任展开探讨，但两人的艺术形式截然不同。

1966 年，斯佩罗开始创作"战争"系列，耗时五年，以一种毫不留情的方式，通过快速画就的水粉画控诉那个时代的暴力，宣泄自己的愤怒。画作的构图不一定很满，但人类和机械的可怕结合，让其充满爆炸性的力量。她用直升机象征越南，赋予其性感的外形，并让战争以女性的形式进行，这是她经常重复的主题。她从法国诗人和剧作家安托南·阿尔托的作品中获得了大量灵感，阿尔托在 20 世纪三四十年代因为精神不稳定而被关进了精神病院。作为一名被边缘化的女艺术家，斯佩罗似乎感同身受："我选择阿尔托的作品，是因为她觉得自己被割去了舌头，所以发出愤怒的嘶吼、尖叫和呼喊。她发不出声音，她被迫沉默了。"斯佩罗将图像和阿尔托愤怒的话语结合起来，形成了自己的标志性卷轴画，即将纸粘在一起创作出横跨画廊墙壁的巨幅作品。斯佩罗将深奥的图像与一个默默无闻、精神不稳定的诗人融合在一起，以卷轴的形式呈现给大家，打破常规。斯佩罗作为一名女性，完成了这一具有挑衅意味的大型作品，被艺术界视作激进派。

戈拉伯的激进精神绝不逊色于他的妻子，事实上，斯佩罗经常会引用他的话，并称戈拉伯给了自己表达异议的信心和动力。经历过战争洗礼的戈拉伯一直在强调暴力的复杂性，但直到他从巴黎返回美国，他的艺术才与政治永远地融合在了一起。他在《凝固汽油弹》(*Napalm*，1969 ~ 1973 年)

和《越南》（*Vietnam*，1972～1974年）系列中，表现了越南战争的恐怖。
他的作品尺幅更大，也没有那么抽象，其中心思想是让画中人物讲述暴行
和痛苦。戈拉伯作品中的人物是真实的，年轻的越南男人用枪指着自己的
头；但也像是舞台上的人物，反复上演人类自相残杀的经典戏码。20世纪
80年代，戈拉伯把他在战争中发现的语言应用到了独裁者和政客的肖像上，
如菲德尔·卡斯特罗和理查德·尼克松，后来又围绕恐怖主义、妓院、酷刑、
种族、性别等主题，创作了一系列作品。

　　正如戈拉伯启发了斯佩罗将政治与艺术结合起来一样，斯佩罗也启发
了戈拉伯对性别规范的研究。1976年起，斯佩罗开始以女性为创作中心，
完全拒绝男性形象，并致力于在全球范围内解决性别不平等的问题。斯佩
罗是女性艺术运动的关键人物，她于1972年在纽约市创办了专为女性开
放的画廊。戈拉伯和斯佩罗最初觉得自己都是局外人，但后来因为自己的
社会和政治良知成了局内人。他们是非常有影响力的艺术家，得到了国际
上的普遍认可。面对人类社会的不公正和暴力，他们毫不退缩，勇于承担
责任。戈拉伯和斯佩罗是彼此的力量之源，在私下他们宠爱对方，而在公
开场合他们则会毫不留情地评判对方的作品。

　　2004年戈拉伯去世后，斯佩罗继续在工作室创作了七年。房间像往常
一样被一分为二，为了弥补爱人和亲密伙伴逝去后的空虚，斯佩罗在戈拉
伯工作室的墙上挂了一幅他的巨幅画作。通过画作，戈拉伯的能量填满了
整个房间，就像斯佩罗的艺术占据了当今世界各地的博物馆和画廊一样。
戈拉伯和斯佩罗对艺术行动主义的贡献是巨大的，他们的良知在作品中永
存，他们的呐喊至今依然振聋发聩。

莉莉·艾尔伯

&

格尔达·魏格纳

1903 ~ 1930 年

　　艾纳和格尔达邂逅于丹麦皇家艺术学校，1904 年步入婚姻。艾纳时年 22 岁，专攻风景画，被年轻的格尔达迷得神魂颠倒。不得不说有些人确实独具慧眼，格尔达很快就成了著名的杂志插画家和肖像画家。然而，26 年后，丹麦国王克里斯蒂安十世亲自宣布两人的婚姻无效，因为丹麦法律不承认两个女人之间的婚姻。1930 年，艾纳·魏格纳成为历史上首个接受变性手术的人。手术成功后，艾纳把自己的法定名字改为莉莉·艾尔伯。

　　两人的爱情举步维艰，当时的社会尚不能理解性别认同的复杂性，在这样的背景下，他们仍然勇敢地追求着自己的幸福。艾尔伯的勇敢、韧性和决心让其相信自己的性别只是一个生理错误。20 多岁时，艾尔伯就意识到自己虽有着男性的躯体，却渴望成为一名女性，否则会一直受到心灵的折磨。格尔达可能无法实现医学上的奇迹，但作为妻子，在全力支持自己的伴侣，从艾纳转变为莉莉的过程中，格尔达表现出了心理上的敏感、无条件的爱和情感上的成熟。

　　年轻时，两位艺术家都对自己的艺术有着强烈的奉献精神，从丹麦皇家艺术学院毕业后不久，他们便各自开辟了不同的职业道路。格尔达的作品在他们结婚那年被选入艺术展，不久后她又获得了由《政治报》主办的艺术奖。很快她就声名鹊起，拥有众多忠实拥趸。格尔达成了女性杂志的重要插画家之一，为《时尚》杂志绘制时髦模特的倩影。她也是一位杰出的肖像画家，经常根据真人模特作画。一次偶然的机会，模特未能如约而至，她试探性地说服丈夫穿上女人的丝袜、裙子和高跟鞋，充当模特。对于艾尔伯而言，这是人生的关键时刻。艾尔伯在这种装扮下感到舒适和快乐，于是艾尔伯开始经常穿着女装为妻子做模特，并解释道："第一次穿女装，我就觉得很自在。"

艾尔伯塑造了一个性感的缪斯形象，衣着时髦，身材苗条，留着短发，有着一双杏眼。不幸的是，当这位模特的身份被曝光后，在保守又狭小的哥本哈根艺术界引起了轩然大波，成了一大丑闻。1912 年，两人前往巴黎，因为那里的社会更加自由，艾尔伯可以永远以女性的身份生活。格尔达的画越来越色情，画中的裸体与带着或俏皮或戏谑或沉醉的性感表情，在先锋派圈子里引起了巨大反响。两人参加了许多舞会，在舞会上艾尔伯的身份是格尔达的妹妹，她吸引了众多男士的关注。格尔达完全支持艾尔伯的转变，甚至会经常鼓励伴侣去追求新的事业，发掘自己的女性特征。这段不同寻常的婚姻持续了十几年。这对伴侣在巴黎奢华的公寓里举办派对，两位身材窈窕的女士走在时尚的前沿，享受着格尔达在艺术界的成功。

不同于格尔达在艺术界的风生水起，艾尔伯的作品越来越少，她的艺术生涯逐渐萎缩，甚至终止，因为她把精力都花在了实现变身为女性的梦想上。多年未果后，艾尔伯在 47 岁时把自己托付给了库尔特·瓦内克罗斯医生。她在德国的诊所接受了一系列开创性的手术，格尔达用自己卖画的收入支付了昂贵的手术费用。事实上，正是伴侣为艾尔伯塑造的令人信服的女性形象，让手术得以实现。

在德累斯顿的诊所里，艾尔伯决定以流经她重生之城的那条河为名。在德语中，艾尔伯，即为欧洲名川易北河。艾尔伯的案例在报纸上被广泛报道，艾尔伯逐渐从最初的喜悦转为对自己是否会被社会接受的极度恐惧和焦虑。当时的艾尔伯已经完全搁下了画笔，觉得那是一个属于她以前身份的职业。受限于法律，她与格尔达的婚姻被取消，她获得了一本新护照，护照上的名字是莉莉·艾尔伯。

尽管婚姻关系结束了，但两人仍深爱着彼此。不幸的是，艾尔伯只享受了 14 个月的女性生活。1931 年，她在接受第四次手术后去世，那次手术是为了移植子宫，以便能够怀孕。术后，艾尔伯严重感染，病情恶化，她在给友人的信中尖锐地写道："也许有人会说，14 个月太短了不值得，但在我看来，这是一段完整且幸福的人生。" 莉莉的去世是苦涩的，却也是甜蜜的；尽管她的生命很短暂，但她为找到了自我而心满意足。后来，格

艾尔伯经常穿着时髦的女装，充当格尔达的模特。

尔达再婚，但她的意大利丈夫耗尽了她的积蓄。五年后，她身无分文，孑然一身地回到丹麦。那时，她的画风已经过时，无法再过上优渥的生活。在生命的最后几年，她酗酒度日，靠绘制明信片的微薄收入为生。

　　直到 21 世纪，格尔达和艾尔伯的艺术遗产才得到广泛充分的赞赏。两人的爱情故事经过改编，成了畅销书，并被拍成了奥斯卡获奖影片《丹麦女孩》（2015 年）。人们将格尔达和艾尔伯视作非二元性别者和变性手术的先驱，并开始重新审视两人的艺术家身份。在近期的拍卖和巡回展览中，格尔达的作品重新获得青睐。她通过作品直接向我们讲述了自己对艾尔伯的种种幻想，既脆弱又感性。这种开放的态度，甚至比整整晚了一个世纪的当今世界更具前卫性。

贝恩德·贝歇

&

希拉·贝歇

1957 ~ 2007 年

　　由于摄影合作者贝恩德和希拉·贝歇有着明确的创作目的,因此我们应用简洁明了的方法去理解他们的事业和艺术遗产。他们花了40多年的时间,一心一意、实事求是地在自己的祖国德国,以及其他地方记录实用主义建筑。他们用大画幅相机拍摄建筑物的正面,这是一种非常详细和客观的分析方式。贝歇夫妇的摄影作品中没有柔焦,没有标新立异的视角,也没有特殊的照明,且缺乏个性或表现力,因此人们往往不会将它视为艺术。他们以照片的形式详细地记录了一系列工业建筑,包括水塔、高炉、通风塔、窑炉和储油罐。他们作品的主题并非基于艺术史,也不存在于普遍的文化遗产中,而是属于工业范畴,也正因如此,他们的作品从未被艺术界及相关创意机构关注过。贝歇夫妇是纪实摄影的冷静实践者,他们的贡献体现在他们的摄影作品中以及他们通过作品传达出的创作目的和意义。

　　然而，这只是贝歇夫妇故事的一部分。他们的作品单独看来似乎没什么表现力，但他们这种长期持续的关注却体现了一种人性化的品质：意义深远的激情和对特定领域的痴迷。他们深爱实用主义的建筑，这种伟大且共同的热爱可能只有内行才懂。尽管贝歇夫妇坚称他们使用的是一种完全客观的方法，但由于两人面对的建筑类别和系统均十分复杂，这就意味着每次拍摄他们都要做出数百个决定。他们的作品旨在呈现主题的本质，不扭曲也不过分诠释，这使得他们脱颖而出，成了独一无二的艺术创造者。极端和精确的重复——这种创作方式微妙地开始在人耳中回响，不再沉默无声。实际上，作品并非绝对的客观；相反，正是这些作品记录着一个正在消失的世界，即艺术家儿时喜爱的游戏或沉迷的小说，是一种深深怀旧的体现。贝恩德在描述自己作为年轻人的感受时，回忆道："当我注意到自己沉迷的世界正在消失时，我的内心塞满了恐惧。"

　　1931 年，贝恩德·贝歇出生于锡根，德国最古老、最重要的工业区。其家族几代来一直从事采矿业，工厂就是他的游乐场。工业建筑塑造了他对家乡的理解，就像当地景观中的教堂尖塔一样。贝恩德年轻时，曾在父亲的工作室当学徒，参与教堂和公共建筑的修复工作，体验到了保存的魅力。1950 年，贝恩德前往意大利旅行，作为一名插画家，他对历史建筑进行了大量的研究，并将建筑个体作为自己的艺术主题。1957 年，他受雇于一家广告公司，在那里他遇到了未来的妻子和终生的合作伙伴。

　　1934 年，希拉·贝歇出生于波茨坦，二战后她在东德长大。她的叔叔去西德时，把暗室留给了她。希拉 14 岁时，就已经在冲洗自己的摄影作品了。和贝恩德一样，她也从父母的影响中受益：20 世纪 20 年代，她的母亲曾在柏林接受过摄影训练。希拉 17 岁时，在波茨坦的一家摄影工作室开始了为期三年的学徒生涯。工作室制源于 19 世纪，一丝不苟地采用严格的形式原则，这无疑会扼杀激情。然而，希拉却在其中茁壮成长。她的第一个独立项目是制作一部铁路维修设施的纪录片，这是她第一次尝试用光影表现金属部件的雕塑质感。她需要找到一种技巧来捕捉这些事物的真相、形式和实质。至于它们是否具有古典美或艺术性并不重要，对希拉来说，这些事物只需要像之前一样严肃即可。

　　大约在同一时期，贝恩德用类似的严谨手法，记录他童年时期看到的工厂和采矿基础设施。当时采矿业正在经历重大的经济重组，相关工业设施正在被逐渐拆除。由于贝恩德绘画的速度跟不上他关注事物绝迹的速度，于是他只能用相机来捕捉图像。贝歇夫妇相识不久后便开始合作，那时的他们已经为共同从事富有成效和专业化的事业，打下了必要的基础。两人于 1961 年结婚，与其他新婚夫妇忙于沉溺爱河不同，他们立刻全身心投入到了共同的事业，致力于全面记录正在迅速消失的工业建筑。国家未能做到的事情，他们做到了。

　　长期以来，工业时代被认为是一种不可避免的罪恶，使人类与土地失去了密切的关系，甚至精神上的联系。某种程度上，也许正是这种遗留问题使贝歇夫妇选择了如此不同寻常的主题，对一些人来说，这类主题近乎冷酷、无趣或缺乏创见。然而，贝歇夫妇的作品在蓬勃发展的概念艺术世界中获得了强烈的共鸣，并经常出现在有关极简主义的展览中。他们似乎对自己艺术本质的问题总是一笑置之，因为他们不认为有必要回答艺术是什么或应该是什么之类的问题。1966 年，贝歇夫妇带着年幼的儿子马克斯在英格兰和威尔士的工业中心地带旅游，创造了一个属于他们自己的旅行世界：父母和儿子坐在一辆大众面包车里，车后还挂着一个作为暗室的拖车室。他们的追求是如此真实，乃至没有时间给自己贴上艺术的标签。为了这种游牧式的生活，他们牺牲了传统意义上的舒适，在欧洲和美国各地开展工作。

　　他们对主题的选择坚定而执着，做出了显而易见的奉献。贝歇夫妇在当代艺术界产生了巨大的影响，直接促成了杜塞尔多夫摄影学院的建立，启发了如托马斯·斯特鲁斯、托马斯·拉夫、安德烈亚斯·古尔斯基等艺术家。他们的作品不是百科全书般的机械记录，而更像是一首献给没落王国的安魂曲。只有如此心细如发的摄影师，才能在别人眼中丑陋的地方，发现美的存在。最好的艺术是超然的、没有自我意识的。贝恩德和希拉奇迹般地在合适的时间遇见了彼此，将一生的热情倾注于一个无人喜爱、被人忽视、正在消失的世界。

艾米莉亚·卡巴科夫

&

伊利亚·卡巴科夫

1989 年至今

伊利亚和艾米莉亚喜欢创造各种人物角色，并用高度复杂的艺术技巧在作品中伪装自己，打造一个看似真实的虚拟世界。这一切并不是为了欺骗观者，恰恰相反，是为了创造比简单事实更能说明真相的强大隐喻。两人的艺术语言依赖于谎言，但他们努力传达的却是真相。从某种角度来看，他们作为艺术两人组的存在简直是一个奇迹。在苏联，他们的生活受到了高度的控制，他们忍受着极其恶劣的条件努力生存着，如今，他们已是国际艺术界公认的明星，是"完全装置艺术"领域的先驱，对年轻艺术家有着巨大的影响力。但对于当年生活在苏联的两人来说，他们从未想过自己的艺术之路能走得如此之远。

伊利亚和艾米莉亚几乎携手走过了一生。他们都来自德涅普罗彼得罗夫斯克，是远方表亲，年龄相差 12 岁。艾米莉亚充满自信，有组织力，雷厉风行，而伊利亚则较为内向，缺乏安全感。1973 年，艾米莉亚只身前往以色列：作为一个直言不讳的女人，她说那时自己要么保持沉默，要么背井离乡、远离亲友，否则就只能进监狱。那时，艾米莉亚已经和伊利亚坠入爱河，但还未完婚。伊利亚心情沉重地把她送到车站，其实他有些想和恋人一起离开，但他不能就此和家人一刀两断，音讯全无。伊利亚深爱自己的母亲，那个饱受苦难的女人经历了恐怖的革命和战争，但作为单亲妈妈，她一直是儿子的生活支柱。伊利亚决定留下来，并为此付出了巨大的代价，他和艾米莉亚分离了整整 13 年。艾米莉亚曾是一名职业钢琴师，离开后她以新的形象示人，成了德意志银行的艺术顾问、艺术品经纪人和策展人。

　　在艺术生涯的前 30 年里，伊利亚是一位独立艺术家，不仅与艾米利亚无关，甚至也与艺术世界无关。他在暗中进行自己的创作，这些作品与当时的政见背道而驰。耄耋之年，他回忆起在苏联担任社会艺术家的岁月，如饮下新启封的陈年之酒，悲伤地对自己说："你总是戴着面具。"从莫斯科美术学院毕业后，伊利亚选择了插画作为自己的职业道路，为出版社创作儿童读物。这开启了他作为艺术家的双重生活：每年工作几个月，以

过上体面的生活,剩余的时间则在自己的世界里创作未经认可的艺术。伊利亚说:"……那时的生活非常危险……工作室总是闭门不开。"只有他信赖的艺术家朋友才能有幸看到他的作品。这些艺术家如同存在于真空中,与西方的艺术发展没有任何联系,无人收藏其作品,也无人评论。现在,他们被称为莫斯科概念主义者,广受赞誉。

虽然莫斯科概念主义者没有机会展出自己的作品，但没有关系，这是一种对自由艺术的无声追求。伊利亚参与了国家开展的官方艺术项目：以社会写实主义手法歌功颂德，推动苏联艺术建设，实现政治目标。他巧妙地进行伪装，其作品很容易被误认为官方艺术品，实际是他通过调整物理特性和破坏预期意义来颠覆一切。《截至圣诞节在我区……》（ *By December 25 in Our District...* ）描绘了一个乱糟糟的建筑工地：左边是某个地区的建筑工程计划名单，包括两家体育馆、一家图书馆和一家医院，半空中还荒谬地悬浮着两个真实的铁锹。在极度保守的世界里，这是概念艺术的一种激进姿态，其中的讽刺意味极为危险。铁锹是无用的，象征着空洞的承诺：允诺的竣工时间是 1979 年，而这幅画创作于 1983 年，超时许久依然一事无成。

除了正式出版 150 本儿童书籍，伊利亚还制作了一些专辑，讲述虚构人物的故事，故事里的人都过着可怕的贫困生活。他开始用捡到的材料在公寓里创作小型装置。在长年锁着的黑暗工作室里，他的抱负倔强地成长着，但直到 1989 年，他搬到西方开始与艾米莉亚合作，这颗脆弱的艺术种子才完全开花结果。俄罗斯的地下艺术世界慢慢为少数西方策展人所知，艺术品收藏者中迅速流传开这样一个消息：这些重要又物美价廉的作品来自苏联。伊利亚受邀去巴黎参展，再也没有回苏联。

这对苦命鸳鸯团聚后，1992 年于纽约结婚，艾米莉亚将伊利亚的所有非官方艺术作品存档：秘密创作和传播艺术品绝非易事。起初，艾米莉亚充当伴侣的助手，做些经纪人的工作，并引导他从私人活动领域转向公共活动领域。渐渐地，她成了伊利亚的合作伙伴，帮助伊利亚寻找灵感，并使其发展壮大。从某种意义上说，她是两人成为装置艺术先锋的重要促因。

伊利亚和艾米莉亚紧密合作，开创了一种被称为"完全装置艺术"的表现形式。《从自己的房间飞向太空的人》（ *The Man Who Flew into Space from His Apartment* ，1985 年）是一部沉浸式杰作，虽然讲述了一个虚构的故事，却传递出绝对真诚的信息和情感。作品展示了一个完整的、被遗弃的、毫无特点的房间，墙上贴满了破旧的宣传海报。作品的主人公用自制的弹

伊利亚·卡巴科夫在苏联当了 30 年的官方艺术家，但他在私下打破了既定的创作规则。

射器把自己弹了出去，在天花板上留下一个大洞，墙上还挂着他想象中的装置设计图。在这个房间里，伊利亚和艾米莉亚谈到了极权主义政权的希望，以及太空竞赛失败后的绝望，通过一个虚构的人物讲述了整整一代人被困在家里度过的双重生活。他们像是指挥家挥动着指挥棒，调动着幽默、讽刺、悲剧与酸楚，奏出一曲五味杂陈的乐章。

　　尽管伊利亚和艾米莉亚建造的装置非常复杂，但仍有一种与过去分离的感觉。那是一段痛苦而艰难的历史，他们试图从不同的视角来研究这段历史，但又要避免落入怀旧的窠臼。艾米莉亚直截了当地说："只有愚蠢如原始人，才会这样做。"或许，这也是两人私生活不为人所知的原因。他们觉得关于婚姻的问题毫无意义，并且发现谈论如何运作自己的艺术伙伴关系是"危险的"，因此明智地选择避而不谈。最能揭示他们私密内心的作品可能是《迷宫：母亲的相册》（*Labyrinth: My Mother's Album*，1990 年）。这件大型装置的走廊曲线呈双螺旋形，通向中心，然后再次绕出。当观者走近中心时，会听到伊利亚唱着儿时歌谣的录音。墙上挂满了俄罗斯的照片和伊利亚母亲的日记。谈及祖国俄罗斯时，伊利亚长期以来一直使用假名，并把自己的作品藏在暗处。而谈到自己的母亲时，伊利亚和妻子旗帜鲜明地亮出了自己的名号，编辑故事，尽力保留母亲的记忆。他们飞出了头顶的天花板，去追寻自己创作的自由。

蒂姆·诺布尔

&

苏·韦伯斯特

1986 ~ 2013 年

英国艺术两人组蒂姆·诺布尔和苏·韦伯斯特一直在斗争：争取外界对他们的认可，反对观者的固有概念，反对艺术界的评判，两人之间也常有纷争。在诺布尔和韦伯斯特共同建立的高度个人化的后朋克世界里，他们的艺术和生活以一种危险的激情交织在一起，显得幽闭恐怖，桀骜不驯。

1986 年，诺布尔和韦伯斯特相识于诺丁汉艺术学校，他们发现彼此对朋克音乐及其前卫、嘲讽的行为有着共同的痴迷。他们都是局外人，是被朋克打破常规的空间感所吸引，并借此表达愤怒的另类。不过，他们太年轻了，没能成为最初的朋克族。他们曾经是独来独往、生活动荡的少年，为了掩饰自己，他们穿着黑色衣服，画着黑色眼线。1967 年，韦伯斯特出生于莱斯特，父亲是一名电工，父亲经常会教她如何给电灯接线；母亲是一位快乐的传统工薪阶层女性，然而这种传统的女性特质却让假小子韦伯斯特十分抗拒。诺布尔在斯特劳德的成长经历显然更加乡村化。1966 年，他出生在一个崇尚自由主义的艺术家庭，独自度过了童年的大部分时光——有大把的时间去拼搭飞行器和机动模型。

艺术学校为诺布尔和韦伯斯特提供了逃避现实的机会。两人都拒绝传统绘画，分别用捡来的材料进行创作。诺布尔在泰特美术馆看到让·丁格利的作品后，对机动作品兴趣大增。在大学期间，他们没有一起创作，而是一起旅行，从纽约乘巴士到洛杉矶，沿途收集废弃金属。1989 年毕业后，他们没有去伦敦艺术中心，而是为布拉德福德所吸引。在那里，他们可以租得起巨大的工作室，尽管工作室的周围都是垃圾场，没有希望，也并不美好。他们废物利用，以用垃圾制作狂欢音乐会的舞台布景为生。1991 年，达明安·赫斯特创作了《活着的思想容不下死亡》（*The Physical Impossibility*

蒂姆·诺布尔和苏·韦伯斯特总是在传统意义上的体面与品位的边缘徘徊，甚至用工作室六个月产生的垃圾进行创作。

of Death in the Mind of Someone Living），让伦敦艺术界的秩序轰然崩塌。这件
作品是一只保存在福尔马林里的巨型鲨鱼，鲨鱼张着大口，与生前并无不同。
诺布尔和韦伯斯特从垃圾场驱车 300 多公里去观赏了这件作品。韦伯斯特
回忆起当时的感觉："如同一记重拳正中心脏。"两位艺术家忽然找到了自
己的方向：充满争议与对立的艺术。这种艺术形式源自一群伦敦的艺术家，
后来他们被称为"YBAs"，即英国年轻艺术家联盟。这是一场新的反主流
文化运动，邀请所有人参与其中。

1996 年，诺布尔在皇家艺术学院学习两年后，两人搬去了伦敦东部的肖尔迪奇无人区，这里是英国年轻艺术家的新圣地。他们开始创作以光线为基础的作品，早期作品展示了他们后续所有作品的核心理念——二元性：既愤世嫉俗又充满欢乐，既伤感又滑稽，既混乱又安静。《过度的感官放纵》（*Excessive Sensual Indulgence*）创作于 1996 年，是一座 1.8 米高的喷泉，令人目眩神迷。作品展现了英国海滨小镇庸俗又死气沉沉的景象，以及拉斯维加斯灿烂明亮的灯光。这些都是在学生时期旅行时，让他们着迷的地方。诺布尔和韦伯斯特的作品是为了斗争，与那些成名已久的英国年轻艺术家相比，他们发出的声音更响亮、更不加遮掩。他们喜欢表现出一种咄咄逼人的虚无主义精神。尽管两人衣着相似、亲密无间，却经常展现出自己独特的性格：诺布尔是一个梦想家，韦伯斯特则是一个实干家，两人相辅相成。

1997 年，诺布尔和韦伯斯艺术成就的另一个重要部分：阴影作品得以完成，与光线作品互成阴阳。作品仿佛映射了艺术家的个人生活，他们将两种不同的存在模式和视角创造出了一个整体。他们的阴影作品似乎以最佳的方式展示了自己作品的矛盾本质，也以最深刻的方式揭示了这对艺术家的内心。《肮脏的白色垃圾》（*Dirty White Trash With Gulls*，1998 年）由工作室半年内产生的垃圾制作而成。白天，它看起来就像表面这样：两只海鸥标本在一个垃圾场里享用人们丢弃的薯片。一旦打上光线，每一件被丢弃的物品都扮演着一个角色，呈现出复杂而精确的阴影轮廓。诺布尔和韦伯斯特背靠背坐在一起，享受着饮料和香烟。这对搭档把玩着两种截然不同的心理：一种是最初的反感，另一种是虚幻的宏伟。他们坚持认为，观者考虑的是感知的本质以及价值是如何形成的。阴影作品的第一种媒介是垃圾——他们自己产生的废弃物或在伦敦东部拾取的废品——代表了一种以惊人速度蔓延的丢弃行为；第二种媒介是光的投影，两者形成对比，后者更鼓励人们要对现实和幻觉进行深入思考。

诺布尔和韦伯斯总是回避，或者重新刻画体面和品位的界限，他们把自己的性生活作为几件作品的主题，并将自己作为性手册图画的主角，滑稽地重塑了《性的快乐》（*The Joy of Sex*）一书。为了配合弗洛伊德博物馆的展览，他们把性意识放在了作品的核心位置。《黑色水仙》（*Black Narcissus*）创作于 2006 年，是用韦伯斯特的手和诺布尔的阴茎模型创作的，当光线照射在雕塑上时，就会显现出两人的肖像。韦伯斯特冷冷地说，他们的作品是"人们有关艺术最可怕的噩梦"。然而，请那些对他们所有挑衅行为心怀愤懑、想将他们拒之门外的人暂且冷静一下，推动他们事业前进的，并不是性和愤怒，而是爱的理念。《新野蛮人》（*The New Barbarians*）创作于 1999 年，是一尊真人大小的蜡像，它将这对叛逆的艺术家变身为一对沉溺于爱的尼安德特人，证明了爱一直是人类体验的核心。

诺布尔和韦伯斯携手走过近 20 年后，关系变得紧张，正是这种绝望的爱促使他们在 2008 年结婚。不出所料，他们的婚礼派对本身就像一件艺术品。婚礼在泰晤士河上的伊丽莎白女王号上举行，由艺术家特蕾西·埃明主持。然而，不到四年，两人就劳燕分飞了。诺布尔坦诚："我们成了彼此的禁锢，需要一些东西把我们分开。"

诺布尔和韦伯斯特太过激烈、太过对立、太过热情，为了挽救他们的艺术，选择牺牲失败的婚姻。2012 年，他们在伦敦举办了一场名为"虚无主义乐观主义"的展览。此时，两人已经离婚，这个自相矛盾的名称既表达了他们行为的矛盾性，也更尖锐地表达了他们对于结束一段公开长恋情的真实情感。在分手的黑暗中，韦伯斯特仍在思考他们的艺术——"从中会产生一些新的东西"，诺布尔也说："把生活颠倒过来总是饶有趣味的。"进入独立生活的未知领域后，两位艺术家开始创作一系列引人注目的新作品，并于 2017 年共同展出。就目前来看，虚无主义已经让位于乐观主义。

伊德里斯·汗

&

安妮·莫里斯

2007 年至今

英国艺术家安妮·莫里斯和伊德里斯·汗虽然刚结婚九年，但他们花在彼此身上的时间，很可能已经超过了那些结婚一辈子的普通夫妻。正如他们所说，他们"每天 24 小时都在一起，天天如此"。莫里斯和汗在伦敦组建了家庭，两人的工作室互相连通；他们对彼此的作品了如指掌，并且育有两子。即使由于出差被迫短暂分开，他们也绝对不会几个小时不通电话，分开最久的一次是一周多。他们是对方世界的一部分，这在某种程度上与大多数婚姻完全不同。莫里斯和汗以一种极为紧密的方式共享生活，但作为独立艺术家，他们创作的艺术却大相径庭。

汗的作品是概念性的，基本以单色为主，主要使用工业材料，如玻璃、钢铁，辅以颠覆性的摄影技术进行创作。他以使用原始材料创作合成图像而闻名，比如扫描《古兰经》的每一页，并将其呈现为一幅不可思议的密集分层图像。相反，莫里斯的作品更偏爱传统的媒介，仿佛是一场线条和色彩的盛宴，比如她的大型挂毯就将她与生俱来的运用线条的天赋展现得淋漓尽致。比起莫里斯对富足、具象和色彩的想象，汗的世界本质上更为黑暗、抽象和克制。莫里斯创造的一切都是可以触摸到的，她的作品让观者有伸手触摸的冲动，而汗的分层概念艺术则让眼睛和心灵参与到了感知的旅程中。莫里斯的艺术语言直观且富有表现力，汗的艺术语言秩序井然、纪律严明。

莫里斯的堆叠雕塑作品，背景是汗独特的印章画。

　　这对艺术家的经历也有着惊人的差异。莫里斯有着天生的波希米亚精神，她在伦敦的一个犹太知识分子家庭中长大。母亲生于纽约，曾是一名舞台监督，并与剧作家伊斯雷尔·霍罗维茨成了最好的朋友，他现在是莫里斯的教父。汗的父亲是一位外科医生，母亲出生于威尔士，是一名护士，两人在加的夫相遇。至于汗本人，则在伯明翰郊外的一所房子里长大，家里的墙上没有任何艺术作品。而莫里斯几乎一出生就开始作画，从未停止创作。汗在后来的生活中，创造力逐渐被激发。他在青少年时期，本来是想成为一名长跑运动员的，被迫放弃田径运动后，他开始在德比学习摄影。后来，他鼓起勇气申请到皇家艺术学院学习，这"彻底改变了一切"。当汗每天还在田径场挥汗如雨时，莫里斯却在汉普斯特德与一位自学成才的陶艺家待在一起。陶艺家的生活充满了纯粹的创造力，并成了莫里斯的榜样。不久后，莫里斯进入巴黎美术学院学习，实现了自己的巴黎梦，她说着一口流利的法语，接受着完全不同的教育。汗开玩笑说，她会"坐在那里抽烟，凝视一件艺术品几个小时，然后点头表示赞许"。而对汗来说，他在伦敦的生活可没有那么浪漫，他甚至学会了如何推销自己的作品。

　　汗和莫里斯有着不同的家境、教育背景和创作方式，令人惊讶的是，这样的两个人竟然一见钟情，约会几周后便开始同居，五个月后就订婚了。他们作品的表述方式或许截然不同，但他们的关系是经典爱情故事的绝佳素材。在一位共同友人的介绍下，汗结识了自己的妻子，这位朋友给他看了一张莫里斯在《名利场》杂志上的照片，并预言他们会结婚。两人于2007 年 9 月相识，当时汗出席了莫里斯的个展开幕式。在画廊的晚宴上，汗恰巧坐在了未来岳母的身旁。那个晚上，莫里斯当时的男友拍下了这对未来夫妇的第一张合照。照片里，汗和莫里斯低着头，聊得十分投入。

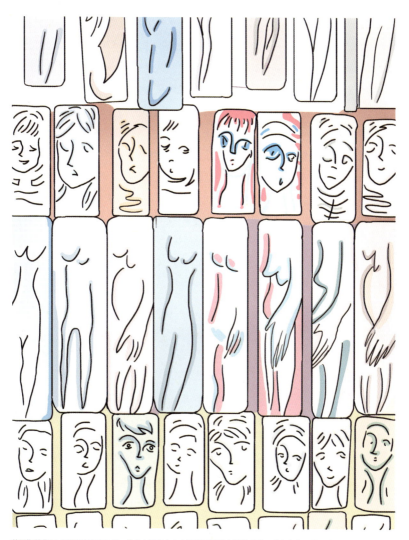

莫里斯的作品《无题晾衣夹》是一件由上千个小木夹组合而成的大型艺术品，小木夹上是单独绘制的裸女图案。

2009 年，他们在法国南部莫里斯教母的家里举行了婚礼。婚礼上有一个"冒牌"的犹太教士——霍罗维茨，以及一个"冒牌"毛拉——汗的父亲。婚姻的第二年，原本无比幸福的浪漫生活被无情地打破了，并对他们的艺术产生了严重的影响。他们的第一个孩子胎死腹中，几个月后，汗的母亲去世了。接踵而来的悲剧，使这对新婚夫妇陷入了伤心和绝望。在工作室里，汗将文字作为一种艺术形式，创作出了印章画，即用一个小印章反复印出文字，直到文字变得抽象，难以辨认。对汗来说，这种不断重复的行为是一种释放和宣泄的方式。与此同时，莫里斯也将自己关在隔壁的工作室里，庆幸的是，她的作品得到了进一步的发展。2012 年，她举办了名为"有一片土地叫失落"的个展，这是一场意义深刻的个人旅程，它带领观者穿过悲伤、痛苦、绝望，最终看到希望。莫里斯像变魔术般地使用重复的符号进行着艺术创作，如她用一个重复出现的单一的女性形象，塑造出了球的形状。

这些符号一直伴随着莫里斯，被重新创作成繁复的刺绣图案和图腾般的堆叠雕塑。莫里斯的艺术语言无边无际，几乎是出自本能，这些图像如独特的电磁脉冲穿过了她的身体。汗的印章画也把他带到了一个新的领域，他将最喜欢的诗歌和哲学纳入了创作范畴。美国诗人和教育家西奥多·罗特克的书宛若一个带有固定原点的大型抽象图形，从中间散发出分层的线条，营造出文字爆炸的感觉，仿佛文字是一颗穿透大脑的子弹。汗把重复的概念和诗歌，融入自己迄今为止最雄心勃勃的作品中。2017 年，他设计了占地 4.6 万平方米的"尊严绿洲"，这是第一个纪念阿联酋阵亡士兵和公民的战争纪念公园。公园有 23 块镌刻着诗歌的巨大石碑，它们摇摇欲坠地堆叠在一起，象征着失去和复原。公园是汗对语言、文化、抽象和个人叙事之间微妙互动的复杂表达。

　　莫里斯和汗采取了不同的美学路线，但仔细研究就会发现，他们每一个作品的核心都是对易读性、符号和个人记忆的共同审视，以及对个人激情的表达。汗的作品密集厚重，通过无休止地重复同样的手势，静默地印刷或盖印而来。莫里斯的作品极富表现力，以一种另类的方式沉思，较少重复，但同样坚持创造丰富的分层图像，且在视觉景观中有更多的空间和停顿。

　　在过去的十年里，这对艺术家会十分注意彼此给出的一些小建议，两人相连的工作室也存在着神奇的渗透作用，再加上作为夫妻和父母的共同时光，毫无疑问，他们如暗流一般、潜移默化地影响着对方。汗给莫里斯的工作室带来了有序的耐心的浪潮，莫里斯开始在一个新的台面上工作，而不是在肮脏的地板或书页上忙活。莫里斯感谢丈夫使她认清了自己的艺术之源来自哪里。反之，莫里斯给汗的工作室也带来了色彩和新媒介。在某种程度上，正是在莫里斯的影响下，汗才把工作转向不那么正式和实用的领域。如春雨润物般，这对夫妇正在不知不觉地对彼此的作品产生重大影响。汗是莫里斯的编辑和保护者，而莫里斯反过来又带领汗超越有限、进入无限。

　　莫里斯和汗刚刚 40 出头，属于伦敦艺术界的年轻一代。他们各自的职业生涯将如何进一步发展，是一个值得畅想的话题。他们将玛丽娜·阿布拉莫维奇的一句名言用镜框精心装裱起来，放在家中，上面写着："一个艺术家，不要爱上另一个艺术家。"他们非常喜欢这句话，因为他们对这一立场持坚决反对的态度。他们将能与另一位艺术家分享自己的世界，坦言并尊重各自的不同之处，视为上天赐予的偏爱和特殊的礼物。从艺术创作的角度分析，汗由大脑牵引，莫里斯由手引导，但两人的心是紧紧锁在一起的。

致谢

　　编写这本书给我带来了极大的乐趣。我喜欢深入地了解一些我喜欢的艺术家，发现一些对我来说新奇有趣的名字。虽然能够写这本书是我的荣幸，但对我这种生活已被填满的人来说，这也是极为耗时的一项工程。所以，我最感谢的是我的丈夫詹姆斯，他真的非常善良又有耐心，听我讲述书中的故事，帮我做深入的研究，满怀热情地阅读我的书稿。令人难忘的是，他还为我做了很多美味的辣椒酱，使我免除饥饿之虞。珍妮·哈里斯给了我无尽的鼓励和恰当的反馈，感谢巴塞罗那的那个周末，让我得以真正放松，又得以精力充沛地投入写作。最重要的是，在我决定要写这本书之前，哈里斯在圣诞节给我买了一本《现代女性》，作者基拉·科克伦的优秀文笔能帮助我集中注意力，也为我的写作提供了动力。

　　感谢我的父母，他们本身就是一段绝佳的爱情故事。他们从来不劝我换个更实际的工作，而是任由我沉迷于艺术的海洋。感谢吉诺·吉内利、蒂莫蒂、佐埃蒂和米奇·D.，感谢的原因主要是我希望看到这些名字被印出来。感谢蒂姆和莉兹·布莱恩，感谢你们一直以来的冷静和劝慰，也感谢你们阅读我早期的草稿。感谢我亲爱的朋友安妮·莫里斯和伊德里斯·汗，以及书中的每一位主人公，感谢你们在餐桌上与我分享你们的故事，并创作出让我如此快乐的艺术。感谢苏·韦伯斯特，感谢您对介绍您作品的章节给予如此积极的评价，我非常尊重且珍视我们的友情。感谢我亲爱的朋友托马斯·格斯特教授，他的截稿日期和我一样，这让我心中宽慰不少，他对杜尚和马丁斯的章节给出了很有价值的反馈。感谢汤姆·卡珀和裘德·卡珀这对双胞胎，让我在几个周末都能集中精力工作。我知道自己还有要陪你们一起玩的重任，这让我在周日早上工作的时候效率变得更高了。

非常感谢出版社才华横溢的编辑安娜·沃森，她让枯燥的写作工作变得轻松愉快、令人兴奋。我很高兴自己是第一个带你去格劳乔俱乐部的人。说到俱乐部，我必须要感谢苏荷馆的每一个人，是你们让我爱上艺术收藏，让我有勇气接下本书的撰写工作。我还要向出版社的编辑乔·霍尔斯沃斯和设计师伊莎贝尔·伊尔斯表示诚挚的感谢。感谢阿斯利·也赞为本书创作了令人叹为观止的插画作品，你自信的双手让我们得以重新想象 140 多年来的艺术。谢谢！你已经把这本书变成了艺术品。

最后，我将本书献给所有的艺术家伴侣，希望每个人都能珍惜属于自己的爱情故事。

艺术家的罗曼史
YISHUJIA DE LUOMANSHI

出版统筹：冯　波
特约策划：徐　捷
责任编辑：谢　赫
责任技编：伍先林
装帧设计：树实文化

著作权合同登记号桂图登字：20-2020-086 号

图书在版编目（CIP）数据

艺术家的罗曼史 ／（英）凯特·布莱恩著；（英）阿斯利·也赞绘；何昆仑译. —桂林：广西师范大学出版社，2020.4
（焦点艺术丛书）
书名原文：The Art of Love
ISBN 978-7-5598-2689-3

Ⅰ. ①艺… Ⅱ. ①凯…②阿…③何… Ⅲ. ①艺术家－生平事迹－世界－通俗读物 Ⅳ. ①K815.7-49

中国版本图书馆 CIP 数据核字（2020）第 043852 号

广西师范大学出版社出版发行
（广西桂林市五里店路 9 号　邮政编码：541004）
（网址：http://www.bbtpress.com）
出版人：黄轩庄
全国新华书店经销
广东省博罗县园洲勤达印务有限公司印刷
（广东省惠州市博罗县园州镇下南管理区勤达印务有限公司　邮政编码：516123）
开本：889 mm × 1 260 mm　1/32
印张：7.375　　字数：200 千
2020 年 4 月第 1 版　　2020 年 4 月第 1 次印刷
定价：78.00 元

如发现印装质量问题，影响阅读，请与出版社发行部门联系调换。